U0113756

民国趣读

老·城·记

老西安

中国文史出版社

本书编辑组

主　　编：韩淑芳

本书执行主编：张春霞

本书编辑：牛梦岳　高　贝　李军政　孙　裕

目录

第二辑　教授文人·探古城文化的深厚底蕴

第四辑　大大小小都是买卖·老城千奇百怪的生意场

第七辑　猜灯谜逛庙会·老西安人的市井民俗

第九辑　古都印象·说不尽的长安城

第一辑

老西安旧皇城·
大街小巷都有故事

❖ 张恨水：慈恩寺内的大雁塔

在科举时代，恭祝人家雁塔题名，那是一句很吉祥的话。这雁塔在慈恩寺内，寺在曲江池西北角，到城五六里路。这寺和别的寺宇不同的，就是在正殿之前，列着一层层的石碑，不下百十来幢。唐朝神龙年后，选取的进士，都在这题上人的芳名。而雁塔也就因为这样流传士人之口，直到于今，塔在殿后高高的土基上，塔门有唐朝褚遂良的圣教序碑，并没有残破，也是为赏鉴碑帖的人所宝贵的之一。

▷ 1907 年的大雁塔

▷　大雁塔唐代石碑

这个塔和开封的琉璃塔，恰好相处在反面。那琉璃塔是实心的，只在塔心划开一条缝，转了上去，所以塔里没有一寸木料。这雁塔却是空心的，倚靠了塔墙，四周架了栏杆板梯，临空上去。所以有三四个游人扶梯登塔的话，只听到噔噔的一片踏木桥声，而且在上层的人，可以看到下层的人，便是其他的塔，也很少这种构造的哩。这个庙，在隋朝叫无漏寺，唐高宗为文德皇后改造过，改名叫慈恩寺，直到于今。

《西京胜迹》

❖　**翁维谦、刘遵祖：西安钟楼**

钟楼位于西安市中心，东、西、南、北四条大街交会与分界处。是单座独立的古代建筑，与西边相隔250米的鼓楼遥相呼应。1956年8月被列为陕西省重点文物保护单位。

　　钟楼基座呈正方形，青砖砌成，各边为35.5米、高8.6米，四面有高宽6米的券洞，北边有双梯可以登楼，占地面积约1260.25平方米。

▷　1914年的西安钟楼

　　钟楼为木构楼体，分为两层，四角攒尖、复屋重檐。绿色琉璃瓦、朱红柱子、贴金宝顶，层次分明，各檐和平座都施以斗拱，支承屋檐与柱子的剪力及承托挑檐桁。面宽、纵深均为三间，连明廊五间。外部彩绘是清式最高级沥粉金龙和玺建筑彩画，是封建帝王宫殿装饰。下层内檐是雅墨旋子建筑彩绘、藻井180余种，不同内容的民间花卉。西边墙上有三个重修钟楼的碑记，阐述楼的历史沿革和维修内容。东南角有木楼梯盘旋而上，上层内部有四个整根通高的龙门柱，支撑几个四边形构成骨架，承托屋面，形成木构架的整体，工料特殊精美。内设青绿基调的旋子彩画，给人以安详的感觉。

　　钟楼分上下两层，四面各有雕刻格扇八幅，有民间传说和历史故事。

《西安名胜古迹——钟鼓楼》

❖ 翁维谦、刘遵祖：西安鼓楼

鼓楼位于西大街鼓楼什字北75米处，横跨于北院门街的南段。这座独立的古代建筑与东面的钟楼对望，1956年8月与钟楼列入陕西省重点文物保护单位。

楼上置一大鼓。从前，每日傍晚击鼓报时，与钟楼钟声朝夕呼应，谓之"晨钟暮鼓"；同时也用于报警，在治安防御方面，起着配合钟楼与四门联络指挥作用；更重要的是起着美化城市壮丽古城的作用。现有大鼓置于楼的北面。

▷ 1907年的西安鼓楼

鼓楼基座呈长方形，为石条和青砖砌成，东西长52米，南北宽37米，高8米，占地1924平方米。中间辟有高宽均为6米的券洞，行人车辆从中通行。

▷　民国时期的西安碑林大门

▷　收藏于西安碑林的《颜氏家庙碑》

宏伟的鼓楼，有朱红的柱子，楼檐和平座都使用斗拱结构。共四层不同形式的斗拱支承楼檐与柱子的剪力。内部是9架梁，由12根17米高、直径75厘米的内柱支撑屋面，其他梁、枋、檩也都是按明朝比例标准严格制作的。不论油漆彩绘、大小构件，都清楚地显示出我国古建筑艺术的精美。

《西安名胜古迹——钟鼓楼》

❖ 张恨水："四大碑林"之首——西安碑林

这是西安最著名的一处名胜，在城东南，雇人力车，告诉车夫到碑林，就可以拉到，因为就是人力车夫，也知道这处名胜的。这林在旧府学里，现在归图书馆专员管理。进门在苍台满径的小巷子里过去，正北有个小殿，供有孔子的塑像，朝南有三进旧的屋宇，一齐拆通，一列一列地立着石碑。这里面共分着十区，第一区的唐隶，第二区的颜字家庙碑、圣教序、多宝塔，第三区的十三经全文，第六区的景教流行碑（大唐建中二年刻石），这都是国内独一无二的国宝，在别的所在，是看不到的。这里的碑，共是400多种，合2400多块。洛阳周公庙的石碑，唐碑本也不少，但这里的都出于名手，那是洛阳所不及的。文庙在碑林隔壁，顺便可去看看，里面有古柏几十棵，是西安第一个终年常绿的所在。

《西京胜迹》

❖ 赵明：关中八景之一——雁塔晨钟

小雁塔历来是瞻仰的胜迹，它以挺拔、劲秀、玲珑而闻名中外。登塔远眺，古城新貌，尽收眼底，令人心旷神怡。

雁塔晨钟，是关中八景之一。这口铁质古钟，铸于金明昌三年（1192）高13.15米，口沿直径2.5米，重800公斤，造型庄严，工艺精湛，文字花纹皆波捺分明。悬挂这口钟的楼内构造也较奇特，钟的中心地面有一米多深的坑道，形状如井，正对上悬钟口，钟声从此口入地，过去寺僧按时撞钟，钟声随地远播，音质清越，十余里外皆清晰可闻，人称奇迹。

▷ 民国时期的小雁塔

吉祥鼓，是寺院重要法器之一。鼓声自古被喻为雷鸣之声，具有震杀邪恶，驱逐妖魔之功效。吉祥鼓与雁塔晨钟相对。游人可亲手击鼓，表示吉祥、平安、万事如意，同时也增加游人的乐趣。寺院内还存有许多唐、宋以来珍贵线刻、石刻、石碑以及古槐等，寺院环境优美，景色秀丽，四季有花，满院碧绿，空气清新，洁净如洗，鸟语花香，景物宜人。

《小雁塔旧貌变新颜》

❖ 王济远：长安的公园，以莲湖为最胜

长安的公园，以莲湖为最胜，其他有建国公园、革命公园、森林公园、郑氏公园等，其树木皆不及莲湖。止欺在下城坡时同我这样说，我也想看看长安的公园，所以从止欺议，登车到莲湖公园去饮茶解渴。

莲湖公园的大门，像公署一样，两旁置民众阅览的报纸贴在牌上。秋天的林木，带着暗绿和金黄，园地甚广，高低曲折向里面走去，那所谓莲湖，只剩底下的塘泥与败草，一些清水都没有，显出久旱的陕城，莲湖也涸了。所以我们在街上，看见人家用的洗脸水一盆须互相使用后，颜色发了黑，然后再泼在路中洒灰。

公园中似乎比马路上的感觉好些，我们在凉棚下坐定，叫了两杯茶，看看来往的游人，止欺很得意说，这里有诗意，要我速写，我实在没有感到兴味，而精神已告疲乏，静坐一下，脑际充满碑林、孔庙、卧龙寺、下马陵这几处的回忆，又想到西安城中为他处所不及者，唯古代文化之遗物，省立图书馆藏古代遗物甚丰，不如趁此晚昼，前往观光。

《长安一日游》

▷ 民国时期莲湖公园中的岳塔

❖ 张恨水：第一图书馆，值得一游

到西安来游历的人，省立图书馆，那是值得一游的。馆在南苑门，交通很便利，里面分着古物书籍两大部分。我所看到的，有以下几样东西，值得向读者介绍的：（一）八骏图。这是唐代的石刻，乃是在大石块上浮雕起来的，一种古朴的意味，和近代的石刻异趣。其中两块，被人盗卖到国外去了，现在只剩六块，嵌在东廊墙上。（二）宋版藏经全部，及明版藏经。这种书，国内别处，虽然也有，可是不及这里的多，满满的陈设了三间大屋子，传说，有一万一千多卷。馆里对于这书，管理得很严密，非有特别介绍，不许参观。（三）唐钟，是唐睿宗用铜铸的，高一丈多，书画都完全不缺。现在东廊外，用一个特别的亭子罩着。（四）北魏造像。在西廊。另有其他许多唐宋石刻配衬着。（五）出土古物，也在西边屋子陈列着。虽然不多，各代的都有。周鼎尤其是宝贵。（六）汉宫春晓图。这幅图，藏在图书馆楼上，要特别介绍，方能由馆中负责的人，取下来看，画长二丈一二尺，阔一丈二尺余，上面所绘楼阁山水人物，非常细致。作书者为袁某，已不能记起什么名字了。据图书馆人说，这是明画。

《西京胜迹》

❖ 杨作舟：历史悠久的大兴善寺

大兴善寺，历史悠久，高僧辈出。隋开皇三年（583），印度僧人那连提耶舍、舍那崛多、达摩笈多先后来华，文帝为设译经馆，请住于内，译

经传教，世称"开皇三大士"。中国僧人彦琮曾奉诏入寺参与译事。唐玄宗开元四年（716）复于该寺设立译场，有印度高僧善无畏、金刚智、不空先后来长安，进入译场翻译密部要典，传法灌顶，盛弘密教，世称"开元三大士"。中国沙门一行曾协助善无畏翻译《大日经》，并撰有《大日经疏》20卷。不空所译密典110部，集密部之大全。这是中国密教正式传授之始，从而形成了中国佛教一大支派——密宗，亦称真言宗。从此，大兴善寺就成为密教的发祥地——祖庭。大雄宝殿原悬有开宗明义的"密藏宗风"巨匾，是长安四大译场之一，是中印文化交流的又一重要基地，在中国佛教史上占有一定的地位。

民国十三年，康有为因公来陕，去大兴善寺观瞻，看到寺院一片冷落景象，抚今追昔，不胜感慨之至，留诗一首，"晋隋旧刹畅宗风，翻译经文殿阁雄。惆怅千房今已毁，斜阳读偈证真空"（有石刻存寺）。民国十九年至二十四年，朱子桥居士莅陕赈灾，往大兴善寺去瞻礼佛陀，深感寺宇之荒残，遂发心施资重修，大部殿堂庄严一新。该寺当时无正式住持。函电邀请持松法师就任住持，适汉口大水，交通阻隔，终未果行。民国二十六年有心道法师来寺住持，曾增修天王殿和山门楼，并创办《西北佛教周报》。二十八年至三十年传授三坛大戒两次。寺院住僧达十余人，有了佛事活动。心道法师离寺返南方后，定悟法师接任住持，民国三十四年至三十七年，寺内创办巴利文三藏学院，毕业学僧一期16人。

今日的大兴善寺，其布局风格大致沿袭明清的建置。1956年人民政府曾拨款修葺一次，并建设园林，寺内遍植花木。寺院建筑有山门一座，上有楼阁，内供韦驮、伽蓝二菩萨像，门前有石狮子一对。迎面即天王殿三间，内供弥勒和四大天王像。钟鼓二楼东西相望，往后大雄宝殿五间，内供释迦、药师、弥陀三佛像，两侧依墙为十八罗汉像，门额有赵朴初书"大雄宝殿"牌匾一面。殿后院落宽阔，东西各有配殿五间，东为展览室，西作法物流通处。正中有日本高野山真言宗空海大师同志会为缅怀祖庭，捐赠青铜地藏菩萨立像一尊。其后即唐代转轮藏经殿遗址，高出地面一米多，略呈方形，现植牡丹园，花木扶疏，景色宜人。再向后登上高台即观音殿五间，供香樟木雕刻千手千眼观音像。穿过此殿，有东西配殿各三间，东即"花雨轩"，现作客堂，西即"众香寮"，现作会议室。紧接着东有玉佛殿五间，西有卧佛（玉）殿五间。再上台阶，东有接待室三间，西有客房三间，正中即大法堂七间，内供毗卢佛像。设东西方丈室，两侧各有耳房五间，均作僧寮，组成一个封闭式的大院落。庭院为古柏、紫藤所笼罩，浓荫葱郁，遮天蔽日，不论香客游人，到此真有出尘之感。

《大兴善寺》

❖ 王济远：游卧龙寺

西安的卧龙寺，有宋刻大藏经全部，在十余年前，康南海游陕，想把藏经取去。所以我到寺前，那卧龙寺的匾额，是南海手笔。寺门不大而常关，我们由边门入寺，肃静无声，至大殿，殿门亦紧闭，而旁悬"请勿闯寮"牌，我很失望。止欹虽然认识寺内住持，此时格于不可闯寮也一筹莫展。适有一客师出，询以住持在否，答在后进，投以名刺，客师导我们先入礼堂，堂上遍悬朱子桥、戴季陶、张浦泉的对联，及弘一法师的字轴。待未久，住持出迎，延入后殿，殿有左右房，先入右房品茗清谈，我为住持画像，住持健谈，称林（森）主席及戴（季陶）院长来西安，必卧于此，房中以芦席铺地，异常静穆。住持知我画名，引我入左房，观其所藏宋画，绢本无款，其实是明画，因关中久旱，绢底微现裂痕，我劝其卷藏，住持复出藏佛多尊，皆珍品，为南方所不易见。

前殿藏吴道子画观音像石刻，初以像名观音寺，后因宋代有高僧维果，长卧寺中，故改名卧龙寺。明代正德年间，曾加修葺，全寺古雅，为西安驰名禅林。

▷ 卧龙寺牌坊

　　我出寺登车，感到儒教之博大，释教之庄严，而吴道子、王维之画笔，与儒释二教并传万世而不朽！是艺术之尊严，还须艺人自身的创造。艺术无创造，即无生命，艺术无生命，又何能与儒释二教并传？

《西安一日游》

❖ 张恨水：参观开元寺

　　这寺在东大街路南，大门对着街上，门里是片广场，广场正面是庙，两旁是环形式的人家门户，猛然一看，不过一般中产以下的住户而已，可是里面藏了不少的奥妙。在那大门上，有块开元寺的石额，下面有块木板横额，正正端端，写了古物商场四字。按理说起来，这开元寺是唐朝开元年间的建筑品，历代都增修过，说这里是古物商场，当然可以邀初次西来的人相信。但是看官到西安，千万别见人就问开元寺在哪里，或者说我要进开元寺去，因为那两旁人家不是古物，乃是东方来的娼妓，稍微有身份的人，是不敢踏进这古物商场一步的。但是我因为听说这里面有塑像，有壁画，也许可以发现一点什么，就择了一个正午12时，邀了一位教育所的凌秘书作陪，毅然决然的进去参观了。经过那广场，便是正殿，似乎这广场，原先都是殿宇，现在的正殿，已经是后殿了。正殿并不伟大，在佛龛四周，有十八尊罗汉塑像。其中有几尊，姿态很好，和北平西山碧云寺的塑像不相上下，我断定不是清朝的东西。不是元塑，也是明塑。有几尊由后人涂饰过，原来的面目尽失，大为可惜。然而就是我所认为姿态很好的，西安也很少人注意，始终是会湮没的。

▷　开元寺旧影

因为塑像这种艺术，清朝300年来，是绝对不考究，所以没有好塑匠。我们把江南一带新庙宇的塑像，和北方古庙宇的塑像一比较，那就可以看出来。清塑是粗俗臃肿，乱涂颜色，清以上的塑像，大概都刻画精细，饶有画意。开元寺那几尊罗汉像，绝无粗俗臃肿之弊，眉目也很有神气，所以我认为很好。在这正殿上，有座佛阁，四面是窄小的游廊，很有点明代建筑意味。阁里很黑暗，有三四尊像，是近代塑出来的，无足取。

《西京胜迹》

❖ 可从：百塔寺内的千年银杏

百塔寺，我以前曾数次游访过。这些年来，百塔寺比起其他寺院日新月异的增建和修葺来说，变化可谓太小了。不大的院子坐东向西，三间不够间口的僧房，小小的院子正中有三间与民房无异的大殿，大殿东侧那排僧房之间有个夹道，夹道北边有孔小门可入东北侧小院，小院内两间小瓦房是僧舍与灶房。在西边那巨大的古银杏树的映衬下，树下小房愈显小巧，小巧的房舍衬托出那参天古银杏的高大，寺院自然无意，但客观上倒是确实反映出它的特色来。

▷　百塔寺内的千年银杏树

百塔寺，位于王庄乡天子峪口，古时此谷称搬梓谷，入谷近10里，谷内有至相寺（亦称国清寺）。隋时，百塔寺为至相道场。由此而论，百塔寺是一座历史悠久的古刹。

百塔寺不仅历史悠久，而且知名度颇高，隋唐时此地是三阶教信行和尚的塔院，所以是三阶教的祖庭之地。此寺创建于何年，今说法不一。一种观点认为此寺创建于隋开皇十四年（594），一种认为应是唐大历六年（771）创建。唐大历六年（771），该寺改名百塔寺，至宋太平兴国三年（978）改为兴教院。由此可知，百塔寺为终南山创建最早的佛寺之一。

世事沧桑，昔日之百塔寺，已夷为平地，塔群寺院，荡然无存。堪称奇迹的倒是当年寺院的一棵银杏，历经兵荒马乱，狂风暴雨，雷电冰雹，旱涝灾害，年代愈久远，倒是愈显茂盛、健旺。数十里高处亦可望见，树形酷似绿色华盖，走近仰视，只觉树长人缩，树冠其大不下100步，根深叶茂，竟无一股枯死枝丫，树身如通天巨柱，耸入云端。据实测，此树高20多米，10余人勾起手方能绕树一周。据村人谈，由于此树根深莫测，天旱雨涝都无碍于它。民国十八年（1929），天大旱，周围井泉尽干，树皮被剥食尽枯，唯有此树，却树叶翠绿如碧玉，微风吹过，玉露如雨滴洒淋而下，堪称奇迹。

《三阶教祖庭——百塔寺》

❖ 樊耀亭：三论宗祖庭——草堂寺

位于西安西南约30公里的草堂寺，坐落在户县县城东南约20公里的草滩营。南有圭峰耸入云表，东临沣水宛如玉带，观音、圭峰、紫阁等翠峰秀岭罗列于前；东南高冠瀑布溅玉激雪，此真乃"终南秀峰几千重，门外水声朝暮时"。晨昏之际，草堂一带如纱烟雾摇曳飘散，其景有如梦幻仙境，此景就是被称为古长安八景的"草堂烟雾"。

据有关史料载，今草堂寺是后秦时逍遥园的一个组成部分。东晋隆安五年（401），后秦姚兴迎鸠摩罗什来长安，住逍遥园翻译佛经。据传逍遥园规模宏大，然至唐时已400多年，时李世民吟诗尚称"堪叹逍遥园里事，空余明月草青青"，已不甚了然，千年后的人对逍遥园规模自然更渺茫了。据说鸠摩罗什翻译佛经后不久就有了大寺。《历代三宝记》第八卷云："世称大寺，非是本名，中构一堂，权以草苫，即于其内，翻译佛经。"故名草堂。鸠摩罗什在这里译出《百论》《中论》《十二门论》等佛教著作，为三论宗奠定了基础，故草堂寺被尊为"三论宗祖庭"。

▷ 草堂寺烟雾井

　　昔日的草堂寺规模是恢宏的。尽管关于寺院规模、殿宇建筑今不甚了然，但关于面积与植被却能从许多史料、古诗中找寻出来。宋代程明道《游南山诗序》注释曰："寺在竹林之心，其竹盖将十顷。"而他写的诗句其中描述草堂寺竹林的就有"四面簧笆一径通"之句；宋代唐进也有"十顷筼筜环殿阁"之句。昔日草堂寺那声似急雨，波若绿涛的十顷竹林，该是多么让人神往啊！明以后由于战乱，寺院面积逐年缩小，清乾隆三十一年（1766）虽有修复，但较前不能相比。清同治年间（1863）寺毁于兵火。光绪七年（1881）经洪水袭击，从此一蹶不振了。到了民国，寺院住持虽不断更换，但仍未有大的变化。新中国成立前夕，今为香积寺住持的续洞方丈曾住持草堂寺，那时草堂寺尚有土地100多亩，竹林也不少，寺院经常出售竹眉于长安细柳蒲阳一带，续洞方丈就亲自向蒲阳送过竹眉。

《三论宗祖庭——草堂寺》

❖ 马良骥、马健君：西安清真大寺

西安清真大寺，地处鼓楼西北隅化觉巷内，故称为西安化觉巷清真大寺。历史上寺院也曾有过"无相寺""清修寺""礼拜寺""化觉寺""东大寺"等叫法。清真大寺历史悠久，建筑规模宏伟、格制奇特，可与中国著名的伊斯兰教寺院广州怀圣寺、泉州麒麟寺、杭州凤凰寺齐名。唯其是一座典型的中国式建筑风格结合伊斯兰教建筑特点而形成的伊斯兰教寺院，因此又有别于其他寺院。

清真大寺总体平面呈狭长形，东西走向，长宽比例为5:1，北边围墙几乎是化觉巷整条巷子的长度。寺院占地总面积12000余平方米，全寺建筑面积4000余平方米，占寺院总面积的1/3。殿宇厅厢共计120余间（不包括亭子、牌楼等建筑），绝大部分系木结构，其他为砖石结构建筑。鸟瞰寺院全景，整体布局由五部分组成，一个部分即一个院落。五进院落或筑楼或置墙相隔，前后贯通。离散的单项建筑楼、亭、台、殿错落其中，疏密得宜，遥相呼应。寺院不设正门，南北两旁设门，这叫"礼门仪路"，是中国宫殿建筑的一个特点。正门的位置上是一座砖雕华饰大照壁，高大雄伟。寺院文物保护标志碑竖立其下。

《西安清真大寺》

▷ 清真大寺前院

▷ 清真大寺主院

❖ 张恨水：新城与小碑林

▷ 1907 年的西安府藩台衙门

在西安的人，听到新城大楼这个名词，就会感到一种兴奋。便是国内报纸，每记着要人驾临西安的时候，也会连带的记上新城大楼四个字。原来这是绥靖公署宴会的场合，要人来了，总是住在这里的。既是官衙，怎么又算西京胜迹之一哩？因为这里是明朝的秦王府，四周筑有土城，土城里很大一片旷地，是前清驻防旗人的教场，旗人也就驻防在东北角上。辛亥军事城里一场大火，烧个干净。民国十年，冯玉祥手里，把这里重新建造了，叫作新城。到宋哲元做陕西主席的时候，更盖了一幢中西合参的大厅，因为下面有窑洞，所以叫大楼。合并两个名词，就叫新城大楼。大楼后面有个敞厅，里面立有大小石碑二三十块。其中颜真卿自撰自书的勤礼碑，最为名贵。这块碑，宋时，很多人模仿，元明就失传。民国十一年，在西安旧藩台衙门里挖出，虽然中断，全文不缺，据人推测，已埋在土中一千年了。小碑林里有了这块碑，所以这个地方，也成为胜迹之一。只是这在绥靖公署里面，地方太重要了，游人是闻名而已。

《西京胜迹》

❖ **毋东汉：** 马厂明清民俗博物馆

马厂民俗馆原为马厂地主郭守约家的住宅，位于王曲镇马厂堡子村。原址为十二院具有关中特色的民居院落，现在仅存四院，是关中明末清初的典型代表性民居。每个院落都具有四合院特点，即上房对门房或门楼，两侧为厢房。厢房一般为宿舍。房内有衣柜、穿衣镜、梳妆台、洗脸盆架、衣架等。窗内是烧火炕，炕洞门开在房外窗下，从窗外炕洞煨柴烧炕，屋内无烟灰无柴枝。院内雕梁画栋，庄严肃穆。"下了王曲坡，稻地都姓郭。"这是对郭家经济来源的写照。1958年，将郭守约家宅院辟为地主庄园展览馆，陈列郭家以前使用过的大秤、小斗及家具什物等。现在，这里的马厂民俗馆，其明末清初民居建筑风格，很能吸引旅客、游人的眼球，成为王曲一个旅游景点。它是陕西省重点文物保护单位。

《钟灵毓秀的王曲古镇》

❖ **黄典文：** 古城西安的城门

古城西安的东、西、南、北的四大城门，是随城墙始建于明朝洪武七年（1374），东曰长乐门，西曰安定门，南曰永宁门，北曰安远门。四门都筑有瓮城，城门和瓮城门都是拱券式。东、西门瓮城有三个瓮门，南门瓮

▷ 北城门旧影

▷ 1936 年的安定门

▷ 1916 年的南城门

城开了两个偏瓮门，北门瓮城只开一个瓮门，与北门直通。

随着国家社会主义经济建设和城市文明建设的需要，原来四个城门和瓮城门都已封闭，从正门两旁开拓了新的城门，东、西、南均有六个门洞，三进三出，唯北门是四个门洞，两进两出。

抗日战争前后和西安解放以后，相继新辟了14个城门，如西有玉祥门，在莲湖路西口，原有一个门洞，现为豁口；北有尚武门，也叫小北门，在西北三路北端豁口；尚德门，在尚德路北口，三个门洞。解放门，即火车站豁口，原叫尚仁门，后叫中正门。尚俭门，开在尚俭路北端豁口。尚勤门，在尚勤路北端豁口；东有望春门，即东五路东端豁口，现改名为朝阳门，目前正在施工建筑五个门洞，中间为快车道，两边四个门洞为慢车道和人行道，两进两出。中山门，即小东门，在东新街东口，两个门洞一进一出；南有建国门，即建国路南口，三个门洞，是原来的小差市街南口。和平门，在和平路南端，是原来大差市街南口，四个门洞。文昌门，在柏树林街南口，四个门洞，两进两出。朱雀门，在大保吉巷南口，四个门洞，两进两出。勿幕门，后称小南门，在南四府街南口，只有一个门洞。含光门，在南北甜水井街南口，两个门洞。以上共计18个城门（其中5个豁口，50个门洞），莲湖区从古城南面的勿幕门经西面至北门，共计有六个城门，其中有两个豁口，13个门洞。

《古城西安城门知多少》

❖ 郭敬仪：东关正街，商号繁多

紧接着吊桥坊，就是东关正街（即东、中、西街），两边尽是商号，一般都是平房，最多是一层楼房，或修间门楼，那就比较阔气了。街面都是横铺石条，1927年冯玉祥部驻陕时，改铺人字形。商号有杂货业，如和盛太、德茂泉、德庆源、德庆恒、茂盛福、茂盛顺、同庆祥、德盛成、四盛成、德盛和等，他们多是三间门面，零售带批发。各外县乡镇客商，都来采购趸批，什么红白糖、卷烟、生记烟、茶叶、纸张、海菜、调料等，门口零售，后边批发，前后都忙，一家有一二十人，或二三十人不等，生意都在数十年，甚至还有百年的历史。京货也是一样，先后有同心泰、瑞生福、火神楼布铺、茂春荣、义信成、端诚元、永新福，也是零整批发，什么湖北土布、万年青官布、染色布、阴丹士林布、库缎、羽缎、花丝葛、湖绉、纺绸、世乐鸟洋布、花鸟布、五色丝线、袜子针线，各种染色颜料等，唯茂春荣、义信成，资金雄厚，生意较大。食品店先后有吉庆鸿、永泰福、敬仪福素点心店、丛芸斋、敬心诚、德信和，都是自带作坊，分什么南式点心、半料点心、本地点心、水晶饼，都是白皮点心。有提糖月饼、鸡蛋糕、绿豆糕、芙蓉糕、麻片、寸金、各种南糖，代卖瓶酒、果露罐头等，唯协盛斋的绿豆糕以油、软、香、甜而出名。药铺有际盛隆、全盛裕、恒胜生、广育堂、通盛和成药铺，王正通的人参砂锅丸，凭一味药，远近驰名。际盛隆、全盛裕，确有百年以上的历史，我的友人王希文，看到乾隆时的一块石碑，上有际盛隆、全盛裕捐款的名字，闻老人云：满人问病人，先问吃谁家药，总是推荐际盛隆、全盛裕的药。这两家在满人中，颇负盛名的。恒胜生的凉眼药，后来通盛和的三光眼药，都是驰名的。西药只有一家，锡九药房经理张锡九也能看病，医术很高，故生意相当发达。还有张淑琰者，河南人，于围城后在东关鸡市拐附近以卖膏药开了一间小铺，但识字不多，人是能说能干，至今还在中街开了一间诊疗所。切药房子西板巷有德和生，中街有瑞盛祥，东板巷有通盛和，他们由药材行买回各种药材，又加工切成片、段，或用碾槽碾成粉面，以备外县乡镇小药铺采购。

还有门口外挂上许多猪尿脬，作为幌子，这一望而知是酒店，酒店有德信酒店、源盛酒店、复信酒店、同盛酒店、大兴酒店等，他们一般都是零售带批发，还有专门跑街的店员，联络顾客。如代卖盐碱生意的，门口摆一个木箱，用白纸糊上，上边写着"运来东晋一块玉，换去西秦万两金"等字样。旧社会的酒店生意一般都是高朋满座，喝五喊六的猜拳，门口都摆有猪头肉、腊汁肉、五香豆腐干，复信酒店门口有兔肉铺，复信酒店经理说他有百年的陈酒，可见营业历史之悠久也。他们由凤翔陈村把酒运回，用大酒海（用竹子或荆条编制内用麻纸猪血糊成）盛装。东关东街（正街东头）有太和楼，西街（正街西头）有永兴馆，这两家是唯一的大饭店，凡商号请客，群众婚嫁，大多在这两家包席。他们都有拿手的好菜，像太和楼的干煸鳝鱼、葫芦鸡、温拌腰丝；永兴馆海参炘蹄子、代皮炒肉、爆肚块等，做几十种菜，不成问题。据说永兴馆是复字号的生意，开业很早，和复信酱园、复信酒店、复兴通银号是连号。太和楼是股东生意，开业较迟，但负责人何兰亭，是自乐班会的会首，能唱晋福长的捉鹌鹑，交际好，故生意也很发达。

▷　1926 年的东大街和东门

　　酱园有增盛酱园、复信酱园、德盛酱园、自立明酱园，都是山西帮，开业也早，每家都有晒酱的广场，自做自卖，销路很广，前后都在五六十人的大生意。还有活动金融，流通市面的银号，如永兴福银号、同心盛银号、复兴通银号、积盛德银号，分布在东西大街和东西板巷，做些存款和放款的事业。1942年前后，陕西省银行在东关筹设办事处，做些借贷、汇兑业务，负责人是王雄藩。新中国成立后由人民银行接收，负责人韩严甫，人都能干，业务相当红火。

《旧社会西安东关商业掠影》

❖ 郭敬仪：柿园坊和曹家集

柿园坊是接连东关正街的一条大街，连同曹家集，也有一里长，出新郭门，就是兴庆宫旧址（现为兴庆宫公园）。柿园坊由北面起，有天寿堂药铺，是王景华父亲王大夫自己开的。隔几家饭馆、草料铺，就是聚信魁过载行，生意相当大，店址也宽敞，副经理张玉山，是西安市商会的会长，也是东关商界的领导，常和张锡三、雷云亭、傅子厚等在一起，处理东关有关商界的事务，人缘好，办事和平，东关商人很遵服。聚信魁虽是过载行，也代客买卖。内住义兴泰、敬生春等字号房子，在各地坐庄采购、卷布、采茶、药材、棉花、海菜、卷烟、红糖、白糖等大宗货物，都是运筹帷幄之中，决胜千里之外的大生意。隔壁是福中公司分销站，经销德士古煤油，地方宽敞，但来货不多，未能打开销路，不到两年就停办了。至今福中石匾还镶在门楣上，后由景龙学校借用。

往东还有福德行，也是过载行，规模很大，内住十多家字号房子，在1920年前后停业。这些字号房子迁移到大新巷聚义隆内和本街聚信魁内，有的还迁到对门同裕茶店内，这是李绍先开办的茶店，也是大生意。还有杨森林的父亲开过驼店，常海亭开过三友茶店，孟大夫坐堂的药铺，孟大夫在东关行医20多年，新中国成立后还在，故药铺生意相当发达。

曹家集是走蓝田、商州的起点站，凡马车驮骡，均在此处休息吃饭喂牲口，故开有车店、骡店、饭铺、馍铺、钉掌炉子，有醋房、油房、染房等，永宁庄、小庄是清同治年间并入东关的。小庄住有吕丕成者，以卖除臭虫药而发财；杨生林以养金鱼为专业；有彰德人侯师叔侄，在新郭门连小庄开了两座花园，一年四季花不断，有迎春、伴春、碧桃、月季、海棠、山茶、扶桑、茉莉、铁杆海棠、玫瑰、牡丹、芍药、荷花、石榴、菊花、蜡梅、橘子、佛手、玉兰等，确是务花的能手。还有赵家花园，务花也不少，特别是洋麻什，也叫太阳花，每到开花季节，折上几枝花头，各色都有，插在小盆内，担上二十多盆，每盆二角，卖得可快，赚四五元，先在茶馆泡茶早饮，回头吃碗牛肉泡，倒也舒服自在。

曹家集原有马王庙，是东关骡店的会馆，是刘祥经管的，后来骡马店生意相继歇业，这个庙由龙渠堡张述祖办过一度启英小学，后因经费无有来源，1921年就停办了。曹家集后街，有卜家香房，对门有康家坟园，里边花、草、竹、木别有趣味，龙渠堡有民立中学，是张益谦的公馆改办的，现在的市二中地址。

《旧社会西安东关商业掠影》

❖ 黄云兴：从玄风桥到建国路

建国路位于碑林区东大街东段路南，是直通城外环城路的一条街道。在20世纪30年代时叫玄风桥，中段路东金家巷五号是张学良将军的公馆。1936年12月12日爆发了西安事变，蒋介石被扣押在新城，后为了安全，转移到张公馆。和平谈判时，三方面的要人都聚集在这里，解放后为纪念这一时代义举，将张公馆建为纪念馆，供中外人士参观。

玄风桥金家巷五号，原为毛雨岑开设的和合面粉公司。1935年9月13日张学良被任命为"剿总"副司令，这里就成为张将军的公馆，大门开在巷内，附近有国民党军长高桂滋公馆，新式建筑院内有花园、鱼池。由新城转移到金家巷的蒋介石就住在这里。

建国路在20世纪30年代时，仍叫玄风桥，40年代初西安市改为省辖市时改名为建国路。在抗日战争前，玄风桥以南是一片荒地，到处坑坑洼洼，还有很多大坑，除过一些穷人在此搭棚挖窑度日外，很少有人在此建房。后来冯钦哉和一些人在这里创办了通济公司，在现在的信义巷附近盖了许多房子，开辟巷道，东边巷道叫仁寿里，西边巷道叫丰埠里，当时国民党的一些高级官员如王友直、陈固亭、冯大轰、王子伟都住在这里。抗战期间，汤恩伯还在建国路设驻陕办事处，来西安时就住在这里，他的部属家眷也都住在建国路附近。在开发建国路南段的同时，雍行（由天津搬迁到甘肃天水的中国银行分行）在建国路南端接近南城墙坑洼地方盖了大片住房和高级楼房，把这里叫作"雍村"，于1942年完成。

《建国路今昔》

❖ 李丕奇：繁华的南院门

七七事变前的南院门一带，包括与之相连的街巷，仍然是西安繁华地区，集中了政治、经济、文化、教育、宗教等20多个机关以及许多大商号。最突出的还要数一些经营较长的私人商号。如三友实业社、老凤祥、老宝庆金店、老九章绸缎庄、第一市场绸布业和百货店；食品业有稻香村、天香村、南华公司、上海酱园；鞋帽业有新履制革厂、鸿安祥、健本长鞋店、象记帽庄等；照相业有大芳、罗庆云、庐真照相馆；服务业有益容、美容理发馆，太液池浴室；还有华美、世界、五洲等西药房，藻露堂、达仁堂、敬元堂等中药店；有亨得利、亨达利、德华斋等钟表眼镜行、慎昌钟表唱机店。饮食行有樊记腊汁肉、王记粉汤羊血、徐记黄桂稠酒、韩家汤圆、春发生葫芦头、五味居削面等传统小吃。书店有商务印书馆、中华书局、世界书局、酉山书局；电影戏剧业有阿房宫、民光电影院、正俗社、小世界。金融业有中央、中国、交通三大银行分行以及多家私营银号、钱庄。电讯方面有陕西广播电台、邮政局等。文化部门有民众教育馆、西北文化日报社、工商秦风日报社、正报社；文具行有王同春、钰兴祥，还有古董店、古董摊。

以上所写的各类商号的经营人员绝大多数同东南沿海大城市的同行有

联系，有的是分支店关系，有的是亲友关系，有的是师徒关系，双方业务经营相当活跃而紧密。那年代，南院门的确热闹非凡，从早到晚客商摩肩接踵、熙熙攘攘，车马声与人群的喧嚣汇成一片；风味小吃和高级化妆品的香味到处飘散。广场里人头攒动，有的在看"十二能"杂耍，有的在挤看"西湖景"（拉洋片），特别是那些"卖吃喝"的摊子周围坐满了人。入夜，华灯通明，把摆设的商品照耀得琳琅满目；影剧院传出的乐声引人流连。虽是夜间，各大商店还拥挤着购买商品的人。每逢春节，各家商号都争相张灯结彩，爆竹烟花不断燃放。正月十五到二月二期间高跷社火群集表演，到处呈现出一派繁荣升平景象。

▷ 南院门旧影

　　1937年7月7日，日寇继九一八事变又加紧了侵华战争，接着是上海"八一三"事变，西安与江浙的交通阻塞，南院门及西安各处商号的货源都受到严重影响，不但商品短缺，而且物价随之上涨，再加捐税叠加。接着而来的是日机不时地轰炸，市民生活每况愈下；南院门商业区又是日机轰炸的目标，因此人们不去该地买东西或游览了。如需要在南院门买的用品，也多在敌机轰炸可能性小的晚上去买。为了躲避空袭，去南院门的人少了，连家住该地区的学生也待在学校不敢回家了。市场远非昔比，行人稀少，生意清淡萧条了。

记得当局为了增强市民防空意识，在南院门花园的南端，装置了一颗模型炸弹（约三米高，其水泥基座至今还留在原处），并在附近构筑了防空洞，每家商店门前都设置了消防水缸，门窗玻璃多贴上"米"字形纸条，以减少炸弹爆炸时玻璃碎片伤人。

《抗战时期的南院门》

❖ 田克恭：南关忆旧

由于南山里的山货运来西安时，首先落脚在南关，因而在南关正街和东西火巷，开设了些收购和寄卖桐油、五倍子（做染料）、生漆、猪鬃、大麻、丝、漆蜡、核桃、板栗、茶叶（紫阳石泉一带的）和木料等土特产山货行店，和出售往山里贩运的棉花、食盐等行店。由清代到1926年以前，山里还没伙匪，偶尔有个别持木棒抢人的"棒客"或持刀拦路打劫单人的"刀客"，所以这条山路畅通，来往的行人颇多，背的、挑的、花竿（用两

▷ 1937 年的南大街

根粗竹竿绑成的肩舆）、轿子络绎不绝，因而不仅沿途的客店、饭铺生意很兴隆，西安南关的行店旅店和饭铺的生意也很旺盛。抗战以前，由关中到陕南未通汽车时，邮差就是日夜步行（换班）走这条山路，往返于西安和陕南之间送信的。西安的人若要到陕南去，想雇花竿、轿子和挑夫，都得到南关的脚夫店和轿铺子去。南关也是木炭的集散地。几十年前，在西安过冬天，多数人是烤木炭火，在天暖时就需要贮存许多木炭。但是自1926年"围城"以后，这条山路土匪很多（穷百姓和散兵迫于生活而当匪），经常拦路抢劫，还绑肉票（土匪把行人拉去勒索银钱叫作"绑票"），扰得这条山路上除少数胆量大的措木板、背木炭、背盐的人以外，逐渐成了路断人稀，影响南关的商业日渐衰落。到新中国成立前，只有些秦岭北麓和南乡一带的农民来南关卖木炭、庄面（装满整布袋土磨磨的面粉）、油菜和蔬菜，南关已是一个破烂肮脏的街道了。

《西安城外的四关》

❖ 田克恭：西关的变迁

西门，在唐皇城西墙的顺义门位置上，明清及现代名安定门。西关的位置，正在唐皇城西墙外，外廓城西北部内布政坊北边沿和布政坊南边沿之间的一条街道上。从西门外过城河桥，直往西到西稍门（今仍用此名，在唐廓城西北部金城坊和礼泉坊之间的街道上），这一条不宽，只有一站电车路长的街道叫西关正街。解放后这条街已延伸到稍门外以西的土门附近。它的北、西、南三面用夯土围成一个东西长、南北狭的长方形廓城，统称西关，它的原面积约有东关的十分之三。西关北墙长，从东往西开有北火门和小门两个廓门，西墙短，正中开了一个廓门（即西稍门），南墙和北墙一样长，从东往西开有南火门和南廓门。廓城墙于1926年西安城被围时，遭严重破坏，解放后为建设需要，将廓城残段全部铲平。以西关正街为中线，西关分为南北两部分，街的北面从东往西城河岸西边稍远处是北火巷，它通北火门，新中国成立后由于修建宽阔的环城西路，拆了北火巷的一部分，在这里及其以西全修了住房。在原北火巷以西临街面，除一些民房外，曾有关帝庙、城隍庙、三圣宫、二郎庙，在这些庙的背后，北面有东西向的潘家巷，再北有兴隆堡。往街西还有太白庙、洪神寺、安庆寺等。再西是普济堂和接官厅（迎接西来的官员）。这些庙宇和小衙，从清末到民国初年相继毁坏，沿街都修了铺面房。

▷ 1935 年的西大街

西城门外，城河岸西边原是狭小的南火巷，通南火门（西关廓城南墙东边的门），清末到民国年间，这一带已有很多住户。在1926年西安被围期间，有许多人想出城逃往别处，为了过战壕，每人需用几块银元买通引路人和双方守战壕的兵，从南火巷往南出南火门过战壕，但很危险，虽是花了若干买路钱，敌人往往还是开枪打，有冒险跑过去的，也常有被打死的。

西关从清代到解放前，虽不像东关那样的商业茂盛、市面繁荣，但是由于西路各县来西安经商或贩货的行商不少，同时这个区域的居民也颇多，所以有一些日用品小商店、修理推车和骡车的木匠铺、饭铺、旅店和马车店等。解放后，在西稍门外的西南面扩建了飞机场（这是1952年第一批苏联专家帮助修的飞机场）。同时由于西郊到城内来往的车辆增多，西关正街两边拓宽了约四分之一，铺了沥青路面，路旁植了槐树，现已长大成荫。

《西安城外的四关》

❖ 田克恭：北关正街，往来渭北的要道

北门和北关南半段的位置，都在唐太极宫的东北部范围内。北口在明清及现代都名安远门（明朝将唐代末年韩建新筑的北门即玄武门往东移后改此名），由北门直向北约一站汽车路到北稍门（即廓门），这一条街名北关正街。

以北关正街为中线，将北廓城分为东、西两部分，正街的路东从南往北：首先有个厘局（清代就有，进城的货物必须在这里上税），解放后已取消，地址作了住宅。解放后在这附近开辟了一条东西向的小巷名阳光村，住了好多人家，是个居民点。稍往北，清代起就有个基督教礼拜堂，解放后不久停止了活动，破房今尚在。在它的北边，解放后开辟了一条半截巷名东大巷，有许多住户，人们也叫作大院。再北是解放后新修的自强东路，它的西口到北关什字，东口到太华路，在这条长而宽的马路区域，全住居民，间有少数商店，在这条路西段有解放后创办的一所有20多个班的完全中学和一所大明宫电影院。这里附带提一下自强东路的位置：它的西段在唐太极宫东北角的北墙以南和东宫北的兴安门以南，它的东段在东宫的东墙外，外廓城北边的兴宅坊和翊善坊北边缘，东段的路北临大明宫正南的丹凤门。北关正街路东的中段有个极乐庵，稍门附近有个关帝庙，清末到民国初年这些小庙宇已毁坏，现在这些地方都是住户。正街的北头是解放后开辟的二马路（自强东路算是一马路），它西口的什字就是从前北稍门所在。

北关正街的路西从南到北，原来在南头临街的铺面房后面，是些零碎

破屋和零星空地，解放后在这里原来的一条窄巷基础上开辟了西大巷（是个弯曲小巷，通环城北路），这也是个居民点。它的北面是解放后开辟的宽阔笔直的自强西路，这条路的东口，在北关什字直对自强东路的西口通洋惠路，这条路上大部分是住宅，也有工厂企业的办公大楼和铁路学校。清代的西火巷（今仍用此名）就在今自强西路东口内，往南通西大巷和环城北路。大致在今自强西路的东口附近，清代有所"接官厅"（迎送往来渭北的官员的地方），多年前已消失。北关正街中段路西的背后，清代有条曲折荒凉的西巷，现在这个地区已住满了居民。路西的北头（在原来北稍门内），解放后新开辟了一条马路名叫为民街，是居民点。

▷ 载着木桶的马车

从清代到抗日战争以前，北关正街的大部分街房及其两边的背后，都是些简陋的平房，人口不多，也不繁华。但它是往来渭北必经的要道，在抗日战争前咸铜铁路（咸阳到铜川）没修的时候，渭北的耀县（今耀州区）、铜川一带的煤炭，和用船由渭河运来的山西无烟煤（俗叫"船炭"），都是过渭河经草滩镇到北关落脚，还有渭北及北郊运来的粮食也在北关落脚。此外，1934年前后，泾惠渠修成，渭北棉花连年丰产，渭河南岸一些地方也广种棉花而且丰产，全都运来落脚北关出售，所以往来的车马行人不少。当时在北关正街有些规模较大的煤炭店、棉花行和粮店，还有一些出售日用品的小商店和供应旅客的零食摊、饭铺，以及有些宿车马的旅店和出租大车，轿车的车行，要坐车去泾阳、三原一带，就需要到北关雇车。总的情况是，离北门近的北关正街南段商店多、较繁华，越往北到稍门就越荒凉。自陇海铁路通车后，北关以东的大片地方（铁路沿线西闸口范围），以及从北关的自强东路往东到太华路一带，居民陆续增加，用牲口、推车、马车和船等交通工具，从渭北及渭河往西安运输的事几乎绝迹了，所以北关仍显得破烂而萧条。解放后，北关也和全西安市一样获得了新生。

《西安城外的四关》

第二辑

教授文人·
探古城文化的深厚底蕴

❖ 周传儒：曾经也有西北联大

七七事变以前，北京先有国立八院校，即北大、师大、女师大、法专、工专、医专、美专（清华不在其内），后又成立女大，成为八校。1930年，女师大合并于师大。又不久，女大、法专、工专、医专、美专合并，成为北平大学。国立北京大专学校，只余三校。即北大由蒋梦麟、胡适之领导，北平大学由李石曾、徐诵明领导，师大由李蒸、袁敦礼领导。此抗战前北京学校概况。

1937年，卢沟桥事变爆发，平津相继沦陷。为保全国家学术文化机构，北大、清华、南开三校，迁云南昆明，组西南联大。北洋工学院（天津）、北师大、北平大学、焦作工学院，奉南京政府命，迁入西安，组织西北临时联合大学，与西南联大相呼应。西南、西北两联大皆平津大学搬家后所组织。南方大学、复旦迁北碚，中央迁重庆沙坪，浙大迁贵州都匀，光华、齐鲁迁成都，不在其内。所谓迁校者，主要是教职员学生的搬家，其校舍设备、图书、仪器，一概抛弃。

1937年夏，与东北大学迁入西安同时，北洋、平大、师大、焦工几个学校的领导人聚集西安，北洋校长李出城、焦工校长张涟清、师大校长李蒸、平大大概是徐诵明，商联合办学的方法。各校领导人、教授大部在西安招待所，距火车站不远；一部分教职员住在其他旅馆及民间。先后迁来的学生，则分别安插在东北大学、师专及莲湖公园内。西安师专的西院，有几十亩空地，李出城看中了，临时盖了百十间平房，为北洋工学院校址。其他理工学生，都收容在莲湖公园。文法各系学生，收容在城外西南角的东北大学。并且自10月起，陆陆续续，先后开课。因为教职员不齐、学生不齐、校舍缺乏、图书仪器缺乏，行政教学两方面都异常零乱。

当时我在西安东北大学，当历史系主任。因为我从前是女师大教授，算是旧人，联大阵容不齐，让我帮忙，兼临时联大的教授。和联大领导人、教授们和学生，经常接触。逃难期间，不仅教职员工依靠政府所发薪水生活，学生也都是公费，靠救济金生活，几千人上万人的家，是不好当的。当时知识分子，对日本人愤恨，但又都抱着逃难的心理，苟且偷安，还没有作反抗的准备，又还没有决定团结在什么人的周围，所以思想上非常混乱。住的地方非常拥挤，吃得很简陋，穿的是一身逃难衣服。书没有几本，上课时也是心慌意乱，不能安心讲学。寄居在东北大学的学生，与东大学生看齐，还勉强有个规模，对对付付地上课。住在莲湖的学生，更紊乱了，生活紊乱、秩序紊乱，是一片警惊之象。

因为我是搞文法科的，我所接触的当然文法科人士多。我是师大女师旧人，对师大的教职员学生比较熟悉，理工科的情况比较隔膜。只知道北洋工学院那部分，集合在西安师专东院，新舍食宿上课，自成单位，比较上轨道。平大、工学院、医学院那部分，就不大了解。招待所全部被临时联大占用了，几个人一间房子，除了伙食茶水方便之外，其他一概说不上。南京汇款在数目上、时间上都发生困难，所以行政上零乱而困难，漫无头绪，这种局面，过一天算一天，当然不是了局。东北大学原来很安定的，受了联大影响，挤在一起，乱哄哄地，东大也就骚乱起来了。

1937年8月，淞沪战事发生，西北人士纷纷地盼望着胜利的消息。11月，上海陷落，人心震动。12月，南京陷落，人们知道大事不好了。首先感觉着日寇的凶焰嚣张，战争不是一时所能了结的；其次感觉着中原不安全，西安也不安全。况且日寇还不断发出飞机，到各地轰炸，企图扰乱人心。西北联大，本来在西安就安居不下去了，这一震骇更不能稳定。派人外出勘察比较安全的地区，准备搬家，作为长期讲学之计。受联大影响，东大也骚动了，跟着作搬家准备。后来东大选定了四川三台，联大选定汉中和城固。要走，大家走，西安几乎走空，他们留下的空隙，被胡宗南占用了，办七分校、战干四团。后期从沿海逃到内部的青年，一部分走入七分校、干四团，一部分北上延安，入陕公和抗大。

▷ 西北联大师生徒步翻越秦岭

1938年2月，西北联大开始南迁。教职员以及眷属和学生，除少数搭上班车外，绝大多数都步行，纷纷从西安坐火车到宝鸡，徒步经过秦岭、凤州、双石铺、褒城等地踏入汉中。当年火车未通，虽有汽车，车辆少，汽油少，不能供应大批逃难者的需要。虽然这是褒斜道，有名的北栈道所在之处，为兵家所必争。但是由于有了公路，也就化险为夷。只是旅馆少、粮少、菜少，大队搬家，还是不够，所以分的若干小队步步为营，慢慢地一队接着一队，换防似的南开，仅仅上百里，走了几乎一个月。

《西北联大始末记》

❖ **彭鹏：** 陕西最早的报刊——《广通报》

《广通报》创刊于光绪二十三年（1897），时当甲午战后，外患侵凌，国耻日深，忧国忧民之士，鉴于日本明治维新，富强起来，因而认为学习西方、宣传推动政治革新，才能振兴中华。外埠兴办起来的报纸刊物登载这类时论文章，风靡一时。

身居古城西安的教育家，兼社会活动家阎甘园（蓝田人，名培棠）得风气之先，在与好友交谈中，极力主张维新变法，废除八股，是振兴中华当务之急。他的见解得到具有维新思想的毛昌杰的赞赏，毛昌杰鼓励他以办报实际行动，变理想为现实，并表示愿尽力襄助。毛的建议正符合甘园心意，两人决定集资办报，并与原籍江苏在陕西居官多年的王执中商议。王慨然应允，当即主动让出德福巷六间房子暂作报社社址。随即组成班底，筹组出刊事宜，过了一段时间，报社迁往书院门。

阎甘园任总编兼社长，主编为毛昌杰、王执中、肖开泰，并聘请宋伯鲁和具有革命思想的于右任为特约记者。当时没有石印，更谈不上用铅印，而只是木版印刻。当年6月1日出刊，为了扩大报刊影响，特请政治要员樊增祥为报头题词，每月出刊一期，每期二十多页，每次印数近千份。

《广通报》以宣传维新思想为宗旨，转载外地维新派报纸的时论文章和新闻，宣扬废除八股，提倡科学文化，兴办学校，发展农、工、商，关注时政，学习西方等言论；还节登有关上谕、大臣奏折及本省要闻。该报适应时代潮流，正处在戊戌变法前夜，宣传维新，颇受广大读者欢迎。在北京、上海也有一定数量销售。

不料该报创刊后却遭到一些守旧的当道和一些人的不满，连蓝田礼学家号称"才子"的牛兆濂也反对。他们认为：这一报刊煽动人心，离经叛道，用夷变夏，殊属可恶，急应取缔，以正视听。加之该报成本昂贵，印数不多，销售有限，以致资金周转不灵，亏损较多，不得不于光绪二十四年（1898）一月停刊。该报刊问世，虽仅半年，但它创陕西报纸先河，值得称道。

《陕西最早的报刊〈广通报〉》

❖ **王淡如：**于佑任痛悼因办《正义日报》惨死的李椿堂

《正义日报》由曾任靖国军总司令于右任参谋的泾阳人李椿堂主办。李富有革命思想，以往经常在当时的《战事日刊》上写文章，评判时政得失。后来自组《正义日报》，阐发革命理论，介绍中外学说，对社会主义尤多宣传。时南北战事相持日久，各军首脑军阀积虐甚深，互争雄长竞保实力，罔识大体，不顾全局。椿堂曲譬善喻，扩其心胸，促其进取。每当危疑震撼之交，尤能片言只语，把握事件核心，使时局归于安定。凡敌人之离间，反对党之挑拨，虽能动摇于一时，终未能掀起大风大浪者，李椿堂的报纸析解明辨之力实为功不浅也。不久，李椿堂终因语言锋利，辞气激昂，竟致因此树怨，卒被曹俊夫差王祥生部下连长宋四海杀死，报亦停刊。后来于右任因以上几位报人的惨死，曾作《西江月》一首以吊之曰：

死伤谁覆戎衣，饥馑翻怜战垒。
文人血与劳泪，天下歌呼未已。

《陕西靖国军辖区内的几种报纸》

❖ **王淡如：**播撒红色种子的学生刊物——《共进》

早在1919年五四运动前夕，旅京陕西学生于3月间，成立学生团，由杨钟健等编印《秦劫痛话》油印本。五四运动以后，学生团改组为陕西旅京学生联合会，于1920年1月20日出版《秦中》（旬刊），后改为月刊。内容是传播新文化，反对陕西督军的黑暗统治，共出版六期。以后大家感觉有加强组织、继续宣传的必要，遂于1921年10月10日，以北京大学的陕西进步学生为骨干，出版《共进》（半月刊）。一年后，在中国共产党影响和领导下，成立共进社。发起人有魏野畴、李子洲、刘天章、刘含初、武止戈、杨钟健、屈武、赵宝华、杨明轩、杨晓初等，其中不少人后来成为共产党员。同时，天津南开大学一部分陕西学生编办《贡献》，也以提倡新文化为主，其中成员韩志颖、刘尚达、崔孟博等，也都加入了共进社。《共进》发刊宗旨，早期是以"提倡桑梓文化，改造陕西社会"为宗旨。第二年改为"提倡文化，改造社会"，扩大了斗争范围，并开始宣传马列主义，介绍社会主义思潮。到1924年4月，重新制定纲领，修改社章。以前所定宗旨太空泛，遂确定反帝反封建作为《共进》奋斗目标。到1925年7月召开代表大会时，又提出"唤起民众，武装民众"的口号，把宣传任务极大地向前推进了一步。由于出版方针明确，革命指导性强，从一个区域性的刊物，很快发展为全国普遍受欢迎的读物。以前销售仅限北京、陕西地区，1925

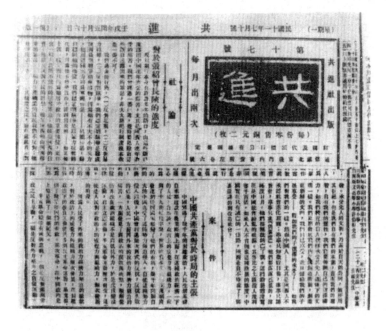

▷ 《共进》第十七号

年以后，发行范围已遍及全国各大城市，份数达5000多份，远至日本、欧洲也有阅读户。社员发展到千余人，其中不少人是共产党员。《共进》的蓬勃发展，必然要引起反动势力的极端仇视。1926年9月间，直奉军阀疯狂镇压革命，白色恐怖笼罩了北京，《共进》社被查封，逮捕社员40多人。《共进》在四年零七个月的奋斗中，共出版了一百○五期，在反帝反封建的事业中做出了光荣的贡献，为后来陕西的革命斗争，播下了不少的红色种子。

《五四运动以来陕西进步报刊简介》

❖ 王淡如：风靡一时的《老百姓报》的际遇

《老百姓报》创刊于1937年11月12日，是李敷仁创办的。参加发起的有张含辉、武伯纶、陈雨皋、郑竹逸、余海波、田克恭、余达夫、程西菑、何寓础、姚一征、杨鹤斋等。每周出版四开一张。经费由各人量力分担及向社会人士捐募。宗旨是："宣传抗战，反对投降，反帝反封建，宣扬民主，反映劳动人民的痛苦生活。"对抗战的宣传口号是"和鬼子作战，一定要十分注重组织民众，训练民众，运用民众，配合正规军作战，是我们抗敌救国的根本方式"。《老百姓报》文字通俗浅显，明白流畅，风趣活泼，能把公式呆板的新闻稿或理论文章，用群众喜闻乐见的地方形式，劝善调、数来宝、演唱词等格式改写出来。既流利上口，又意味深长、引人入胜，听起来使人感到真是快人快语。《老百姓报》对八路军英勇抗战的消息，始终是尽量登载，从不遗漏；又曾连续发表革命领袖和名人传记，介绍他们的革命事迹，起到了端正一些人们认识的作用。敷仁同志善于写讽刺、揭露一类文章；笔调辛辣热情，嬉笑怒骂，都能击中要害。如抗战期间，反动派一方面叫喊物质困难，号召要节约汽油，曾提出"一滴汽油一滴血"的口号，但他们自己却把得来不易的一些物资，供少数当权者挥霍享受。人民群众敢怒而不敢言。敷仁即编为歌谣，揭露他们的罪恶行为：

"一滴汽油一滴血"，美国汽油喂汽车。

大姑奶，小少爷，忽地一声上了街。

上了街，上了街，电影院里歇一歇！

人人看了，无不称快！反动派看了，只有怀恨在心罢了。由于《老百姓报》真能站在老百姓的立场，替老百姓说话，因此大受广大群众的欢迎，发行数量突破了一万份。销售地点远至国外，如加拿大、法国、匈牙利、瑞典等国都有订阅户。每逢出版，读者竞相争阅。农村老乡把《老百姓报》贴在高墙上，整天有人不断围观。人民越热爱《老百姓报》，反动派就越把它看作眼中钉，曾千方百计地利诱威逼。胡宗南的走狗梁干乔，给敷仁拿出一笔钱，想收买《老百姓报》，敷仁没答应，他们恼羞成怒，用高压手段，勒令《老百姓报》停刊。敷仁被逮捕，拘押在西安警备司令部。这一份受人民热爱的报纸，遂于1940年4月17日宣告停刊。计发刊两年零五个月，共出版了113期，发行数在百万份以上。又出刊小丛书十五种，共印七万余册。读者80%是工农兵群众。停刊之日，编者在《与读者告别书》中说："凭心自问，替老百姓说了不少的话，老百姓自己也说了不少的话。"敷仁恢复自由后，时刻没有丢掉恢复出版《老百姓报》的念头。1944年10月16日，又借《国风日报》副刊，编印《农村周刊》，仍以《老百姓报》的姿态继续战斗。读者从似曾相识的语气中，立即辨认出，这是《老百姓报》的重新出现，都喜不自胜地争相订阅。但只出了几期，又遭到反动派的迫害，于同年11月21日停刊。

《五四运动以来陕西进步报刊简介》

❖ 徐国馨：当时，如何编辑《国风日报》

《国风日报》是山西景梅九经营的一张民间报纸，北洋军阀当政时期在北京出版。1937年在西安复刊。

1937年西安事变和平解决，国共两党合作再度实现。中共打算在西安办一个民间形式的报纸，作为宣传抗日、促进团结的舆论阵地。然而限于当时的环境和条件，出一张报纸还有一定的困难。于是通过董林哲、张道吾等人与景梅九山西同乡的关系，与景几经磋商，决定在西安复刊《国风日报》，仍以景梅九为社长，经费由董林哲、王尧青、许海仙等筹集。

复刊后的《国风日报》是一张四开小报。一版是国内、省、市新闻；二、三版是副刊；四版是国际新闻，下角是短评。短评主要由我写，不一定每天都有。副刊名字叫"十字街头"，占的篇幅最大，内容极为丰富。赵思进同志是一个勤恳的新闻工作者，他患有严重的肺病，经常咯血，但仍夜以继日地坚持工作，对每一篇文章、每一首诗歌，从不轻易弃置，只要可用的，都认真地进行修改，并和作者联系取得作者的同意。他对我所负担的编辑业务不时予以热情的帮助，使我受益匪浅。与此同时，他还发行了一个名字叫《时事评论》的地下刊物，八开一小张，不定期。由他任主编，我任编辑，在《国风日报》工人同志的协助下夜间排版、印刷。每次印成后，由各人通过私人关系销售。我记得我卖得最多的地方是党晴梵先生处。党先生对这份刊物很支持，每次都要买十份、二十份，而且付的报费总要超过我们所订的价格。

《国风日报》自己没有电讯设备，不能收报，国内新闻仍不得不依赖国民党办的"中央通讯社"电稿。不过我们可以自由取舍，对不利于团结抗战的新闻，对污蔑人民革命事业的造谣报道，都可以弃置不用。对此，他们对我们也无可奈何。另外，我们通过王岳清同志从八路军办事处拿回一些可以公开发表的消息，稍加改动，另拟电头登出。还利用外报作为我们的新闻来源，整理改写。杨虎城将军出国后在欧洲的行踪和言论，就是我们根据法国出版的中文《人道报》的报道改写后和读者见面的。

《国风日报在西安复刊的前前后后》

❖ 王淡如：昙花一现的《孩子报》

《孩子报》是1946年4月间，陈平、靳克勤、郭松茂、武多荣，在李敷仁等人的赞助下创办的。虽是供幼儿阅读，却敢于说话，敢于揭发反动派的丑事。如当时有一件轰动西安的贪污案，《孩子报》发表了《大人贪污羞！羞！羞！》。这条新闻触怒了反动派，却赢得社会上的赞扬。当时有一支歌儿唱道："桑木扁担两头造，西安出了个孩子报。"就是称赞它的。所以刚出版，印数就达到两千多份。不幸只出了一期就被查封了。

《五四运动以来陕西进步报刊简介》

❖ 宋旭初：《工商日报》，民之喉舌

1940年前后，我家住五味什字十八号，与《工商日报》社为邻。当时的《工商日报》气势很大，敢于揭露国民党种种黑幕和阴谋。由于敢替人民说话，受到广大人民的热烈拥护。《工商日报》登载各种消息，事实俱在，国民党无法公开反驳和争辩，只能依靠其统治权势暗中迫害和捣乱。当时西安的大报小报，共有几十家，大部分报纸，无人爱看。有的报刊，竟然依靠权势，半强迫性地向工商户推销；有的报纸则千方百计，托人情面子，拉人订阅。唯《工商日报》争相订阅，零售报纸，只要一上大街，就被抢购一空，增加数量，还是供不应求。报纸如此被人重视，办报的负责人自然是众所瞩目的了。工商日报社社长成柏仁、编辑梁益堂等，都受到各方群众的敬仰。

国民党当局恨不得一脚把《工商日报》踢出九霄云外，方觉解恨。但国民党为了装潢门面，表面上还讲点"言论自由"，以迎合其美国主子意图，所以不能依靠权势公开查封，只能暗中指使特务，扮作群众，以砸、抢的办法，对付《工商日报》。当报社每次被捣毁以后，各方群众不避危险，指责暴徒罪行和大力声援，有的到报社慰问，有的暗中支援，形成了对国民党的舆论压力。报社的负责人和全体职工，经过艰苦的筹备，很快恢复出版，照样义正词严，给反动派以有力的打击。我当时也属一个普通支持者，又是近水楼台，故和成柏仁成为较好朋友。

　　每当报社被特务捣毁以后，成柏仁没有现出惧怯或颓丧的表情，总是积极筹备，准备迅速复刊。当他接见来访群众说："我们不过说了几句实话，就遭到这样的打击，但是我们不怕打击，真话还是要说。一定要为民之喉舌，请大家放心……"当无人之时，成对我说："这没有什么，我们所做，必然会使'法西斯'恼火，这样遭遇，是预料中的事。不能只许我们行动，不许人家还手，我们也不会这么专制（笑）。他一还手，证明已感疼痛，这就是成绩。此类事件，今后还会发生，我们精神上准备承受比这更严重的真遭遇，但我们决不会屈服。"他在这么严重的情况面前，思想上是如此轻松，令人钦佩！我担心他生命危险，劝他小心谨慎。他说："人家有的是枪炮，要杀一个手无寸铁的人，易如反掌。危险是有，要解除危险，除非停止说实话，顺情阿谀奉承，可这我都办不到，实在没法小心，只有听其自然。不过他们还要顾忌舆论，顾及他们的遮羞布——民主，我估计还不至于有性命危险。万一有危险，也会有价值。我从未考虑过，只以事业的需要为首。"他看我愁眉苦脸不说话，又说："没关系，我很早已接到过不少恐吓信，按信上说，我早就该没命了。可是到现在我还是好好的，可见他们顾忌还是很大的。"

　　成柏仁学识渊博，分析国内外形势，简明易懂，中肯恰当，道理明显，令人信服，对我影响很大。

《回忆成柏仁二三事》

❖ 张俊青：西安书店，竞争激烈

西安市的书店，以商务印书馆、中华书局为最大。商务印书馆在西安成立最早，营业额最大，获利也最丰；中华书局的营业虽不及商务，但因在西安有相当长的历史，基础也很巩固。这两家民营书局都是上海总局派到西安的分局，有总局撑腰，在业务上是可以放手去干的。另外两家民营书局：一为世界书局，一为大东书局。他们的负责人都是商业界的老手，竞争方法很多，譬如用请客吃饭拉拢顾主，即其方法之一。所以营业也都不错。最后在西安设立了一家大书局就是正中书局。这是国民党官办的一家书局，有政治作后台，自然在推销课本上不成问题。如各学校用的国文、历史、公民等和政治有关系的课本，都为它所垄断。它也出版理工等科学书籍。这家书局对其他书局来说是有很大威胁的。大家都知道，工商业总是用明争暗斗、互相倾轧、互相排挤等方法推销自己的商品。其结果，总是资本雄厚的有政治势力的占了优势，资本薄弱的又没政治后台的遭到失败。

《开明书店西安代理分店简记》

❖ 韩维墉：西安女校，开风气之先

陕西女子教育以阎甘园在西安创办的雅阁女校为最早。其次有设在五味什字的正本学校，还有天主教创办的玫瑰女校。在外县的有华江的少华女校，还有吴件旗在泾阳安吴创办的女校，均属高级小学。民国后，西安设立了女子师范学校（属于中等学校，原在梁府街，后迁后宰门街），后来靖国军总指挥胡景翼在三原创办了女子中学，省当局也于20世纪30年代在西安设立女子中学（在西七路），基督教会在西安东关设立尊德女中，妇女界先辈张济同又独资创办了作秀女中（在后宰门东头）。特别是1926年共产党领导的西安暑期学校采取了男女同学同班制，开了妇女解放的先例。当时女生有王观德（先烈王授金的侄女，后与何延杰结婚）、王观政（先烈王授金之女，后与吴化之结婚）、李馥清（先是雷晋笙的夫人，后与杨晓初结婚）、彭淑贞（后与张性初结婚）、刘秀英（其夫为林之望）等。妇女解放，经过了一番曲折的道路。当时风气闭塞，"男子治外，女子治内"的观念，在家庭及社会上根深蒂固，因之影响女子不能参加政治和一切社会活动，经济更不能独立。她们毕业后，少数当了小学教师，多数仍回到家庭，从事家务劳动。即使有极个别的冲破种种障碍，获得了参加工作的机会，也被人讥为"花瓶"。

《从废科举立学校到解放前的陕西教育》

❖ 王君毅：平民学校，平民教育

平民教育，在那时说来，还是新兴的事业，既无可资参考的地方，又无从借助他山的经验，只能凭客观的情势，作为推行的准则。当时，平教委会推行西安平教，除依据教育厅制订的"推行平民教育办法"十五条，切实遵办外，凡想不到的或临时发生的问题，则由我们几个担任常委的，绞脑筋，费思虑，多次商量，反复讨论，谋求解决，以期易于推行。陕西不识字的人，据当时调查，约在70％以上，全省至少有700万文盲，而西安的人口当在30余万，文盲就占有20多万。这就给予担负扫盲工作者一个重大的任务。如果按照那时所办的平民学校，每期扫除的文盲数而言（每期最多扫盲数为3000人），当需要20年以上，方能把西安的文盲扫除光，但还要人口不要继续增加。这真是一个巨大的任务啊！经过一段筹备时间，西安举办的平民学校，于1927年5月开学上课了。在开学之前，省平教委会曾派出不少干部分赴城关公、私立各级学校、各公所、各机关、各庙宇，洽商借用房舍，作为平校教室；并面洽各校校长及公所、机关、庙宇的负责人，请迅即派定平校的校长、教师。此外，设置平校校牌、分配黑板、课桌凳、印平民课本、购买学生用品等等，都煞费苦心。好在当时各校、所、机关、庙宇的负责人，都认为平民教育在推进革命向前发展的过程中，占极重要的地位。所以，平教委会的人员，一经和他们接洽商量，无不乐于赞助，并且出钱出力的还大有人在。这不但使我们负责平教者丝毫不感困难，而且也说明了当时人民对政府领导的事业，是多么拥护！

关于推行平教的宣传工作，也做得不少。除委托各平校校长、教师及公、私立各级学校的教师、学生，依照会里制订的宣传方案进行宣传外，还推定委员一人负责规划，随时拟出办法，送交各平校办理。至于印制宣传品，如标语、传单、鼓词、宣传画等等，更是应有尽有。此外，还派定擅长语言的干部多人，于星期日，分赴街头，集合群众，做宣传平教的讲话。

陕西平教委会在西安地区所举办的平民学校，共两期，每期四个月毕业。第一期（1927年5至8月），在城关共设平校68所，共招收的学生1800名，学习期满实际毕业的学生数为1600多名。第二期（1927年9月至12月），共设平校84所，招收的学生数是2000多名，实际毕业的2000左右。两期平校学生的年龄和职业都有统计。年龄：自10岁起至60岁止，而以十二三岁至20岁占最多数；职业：甚复杂，不下十余种，如农民、工人、商人、手工业、小贩、学徒、雇佣、屠行、道士、饭馆伙计、贩卖牲畜的、拾粪的、拾柴的、拾废纸的和无职业等等。其中以无职业和小商为最多数，占总人数的35％以上。我们主持西安平教的同志们，在办理第一期平民学校结束之后，已取得了一些经验，便向各平校提供了两点意见，借以参考。这里也把它叙述出来：

（一）办理平校的，一定要做到：在人民群众中成为人民一分子。这就是说，凡在城市中心地区担任平教工作的，必须和工商业者做朋友；在四关靠近乡村的，必须和农民做朋友。这样，才能了解人民的需求，才能获得人民的同情，而达到顺利地办好平民学校的目的。

（二）办理平校的人，一定要把自己一颗赤裸裸的心献给人民，时时刻刻地要为人民着想，要解决人民的困难问题，否则，是不会办好平校的。

平教委会曾为两期平校毕业生举行盛大空前的毕业典礼大会（会场设在红城，即今天新城内的广场）。这两次大会，除第一期参加的1000多、第二期参加的2000多脱盲的人外，更有数千群众也参加了这个盛会。当时，我们认为这是宣传平教的大好时机，便于会场大肆宣传革命政府举办平民学校的好处，并散发劝告性的宣传品，以鼓励未入平校的广大人民都来入学识字。此外，还用说书、快板、唱鼓词等方式进行宣传。大会进行至后，特给毕业生颁发了毕业证书，成绩优良的则发给奖品，以资奖励。最后，邀请西安易俗剧社表演秦腔戏。这两次大会，开得时间都较长，每次都在5小时以上。到会的人民群众，啥人都有——老人、儿童、青年、妇女等，真是人山人海，盛况空前，热烈极了！

《大革命时期的西安平民教育》

❖ **段维峻：**车向忱苦办"三穷"学校

东北竞存小学的创办人是东北著名教育家车向忱。车老在九一八东北沦陷后，来到关内。他怀着国破家亡的深仇大恨，盼望着早日打回老家去，收复失地，可是眼巴巴地等了5个年头，对国民党"攘外必先安内"的"国策"不满；同时当局又调张学良将军率领东北军到陕甘来，妄图消灭北上抗日、到达延安的工农红军，让中国人打中国人，以达到排除异己之目的。

他的愿望幻灭了，于是车老于1936年来西安，特意劝说张学良将军"停止内战，联共抗日"，打回老家去。

车老在西安逗留期间，不忘本业，为了从事抗日救亡教育工作，他把流落在西安街头无家可归的东北儿童收容了起来，用他手头仅有的钱财，因陋就简地先办起一所小学，取名"竞存"作为校名，是有以坚决斗争精神求得民族生存的意思。初期所设的小学地址在现碑林区东关索罗巷内的一个院子里。设备只有几间破房和一些旧桌凳，接着又增设了竞存中学。把学校迁到西安市南门里小湘子庙街的湘子庙内（即今西安市房地局第一分局期子庙街房管所）。

当年双十二事变中，张学良将军邀请中共中央派代表到西安共商国是，周恩来同志以首席代表身份与张、杨两将军商谈，按照毛主席指示迫使蒋介石停止内战。在这期间，周恩来同志不辞辛劳地接触了各方面的人士，特别接见了车向忱。

周恩来同志与车老交谈中，对他在极端困难条件下办学的精神深表赞许，并且慷慨捐助。西安八路军办事处也不时给予资助，还派人到校协助办学，同时西安进步人士杜斌丞、杨明轩等也大力襄助，为学校增添了设备，学生也日渐增多。

1938年秋，日寇飞机频繁轰炸西安，城内一些中学纷纷外迁。竞存中学迁至西府凤翔县纸坊街。学校开办初期就把教育和抗日救亡运动紧密结合起来，它是当时陕西教育界一盏闪耀着革命光辉的明灯，正如该校教务主任张寒晖同志谱写校歌中所写的"学习、学习、学习，一切、一切、一切以抗战为前提"，这就是"竞存"办学的依据。在国文、历史、地理、数学教学中，突出爱国主义传统教育，并结合抗日运动进行时事教育。

学校教学一贯重视理论联系实际，明确提出"教、学、做合一"的要求。理化课为附近造纸厂研究改进造纸工艺；生物课研究当地农作物生长及土壤气候条件，并将结果告知当地有关部门及群众，作为进行农业生产的参考。

学校重视生产劳动，坚持勤工俭学；倡导师生平等，民主办学。当时被称为有名的"三穷"学校：学校穷、教师穷、学生穷。学校用两座破庙作校舍，上课在露天，木板、砖台作课桌，草垫当床铺。学校虽有"三穷"，却另有"三富"特点：文化知识丰富，人才丰富，革命感情丰富。

1945年抗战胜利后，私立竞存中学由当地政府接办，改名为"纸坊小学"。为了继承和发扬竞存中学的光荣传统，1987年陕西省人民政府批准将"纸坊小学"改名为"竞存小学"。

《车向忱苦办竞存中学》

❖ 韩维墉：众多名教授来西安讲学

陕西教育界可以大书特书的一件大事，就是1924年暑期西北大学办了暑期讲习会。应邀来陕讲学的有鲁迅先生和北京大学前理学院院长夏元瑮、北京师范大学历史系教授王桐龄、南开大学教授陈定谟、东南大学国文系教授陈钟凡。此外还有北京晨报记者孙伏园、京报记者王小隐，以及东南大学教授刘文海、南开大学教授蒋廷黻等。讲学由各人指定题目讲演。鲁迅先生讲的是《中国小说史略》，王桐龄讲的是《陕西史地》，刘文海讲的是《大国家主义论》，蒋廷黻讲的是《欧洲大战史》。李仪祉、王来亭在后期也作了专题讲演。地址分两处：一在教育厅，一在西北大学。鲁迅先生的讲演处处结合实际，对当时军阀的祸国殃民及办教育之实质，抨击不遗余力，处处表现出是非分明、爱憎分明和疾恶如仇的鲜明态度，为陕西教育界正直的人们留下了深刻的印象。在此以前，1922年暑期，也曾请到北京一批学者，计有陈大齐、朱希祖、王星拱、徐昶等及美国人柯乐文等来陕讲学。地址在城隍庙后街第一中学，规模较大，影响不大。

《从废科举立学校到解放前的陕西教育》

❖ 王芾南：短暂的"西安暑期学校"

自1924年中国共产党和国民党第一次合作以后，中国的革命运动进入了一个新的时期，引起了国际帝国主义和国内反动军阀们的恐慌。他们联合起来对革命势力发动了疯狂的进攻，直系军阀吴佩孚促使盘踞陕西多年的刘镇华卷土重来围攻西安。当时国民军第二军第十师师长、陕西军务督办李虎臣，收集从河南溃退下来的残部仓皇退守西安。留陕的国民军第三军第三师师长杨虎城的部队，由渭北紧急渡河，兼程进入西安支援。这样便开始了轰动一时的8个月"西安围城"的战争。

1926年4月20日西安被包围后，城区（包括四关）人口在十万人左右。中等以上的学校，计有西北大学、陕西第一师范、陕西女子中学、陕西第一中学、陕西第三中学、陕西甲种农业学校、陕西单级师范学校、陕西第一职业学校、长安县第一中学、长安县第二中学。还有私立的成德中学、圣公会中学、崇德中学等十余所学校，学生人数在5000人左右。学生大部分来自外县（因外县中等学校很少），多半住宿在校内。各中等学校都有学生会的组织。并由各校学生会联合成立了西安学生会联合会（简称"西联"）。还有由西安、三原、渭南、陕北等地学生会组成的陕西省学生联合会（简称"陕联"）。地址设在城隍庙后街第一中学内。实际工作都由"西联"代办，"陕联"只是一个名义。围城初期，各校在坚持上课的同时，中共地下党组织通过"西联"，组织学生配合反围城开展学生运动。主要是搞所谓"红五月"运动（包括"五四""五七""五九""五三十"等运动）。在当时全国范围内，第一次大革命高潮中的主要口号是"打倒帝国主义"、"打倒军阀"、拥护广东革命政府的北伐战争。在这些响亮的口号的号召下，西安各校学生在"西联"的领导下，在当时西安易俗社的露天剧场（即现在的新安市场）举行了盛大的群众大会。着重宣传了北伐战争的伟大意义。记得是由西北大学代校长刘含初同志做了慷慨激昂的讲话，激起了数千学生的热烈掌声。当时群情沸腾，口号声响彻云霄。所谓"红五月"运动，一直延长了相当长的时间。影响所及，把坚守西安、迎接北伐，打倒封建军阀，打倒帝国主义的重大意义，扩大到全城各个角落、各个阶层的群众，也扩展到守卫西安的部队中去。这对于坚持8个月之久的保卫西安、保卫西北的战争，起了积极的支援作用。

暑期快来临了，照例各校都要放假。学生们都要回家去的。但当时西安城仍被围得水泄不通，战局一时还没有明显变化。在党和团的全盘规划和安排下，决定以继续革命、继续学习的精神，坚持奋斗。随即成立了一个以西安学生联合会为领导的"西安暑期学校"，把西安十几个中等学校，合办成一个学校。学生不分性别、不分学校性质、不按年级、不按旧的科别，只分了社会科学系（包括政治、经济、哲学、革命理论等），自然科学系（包括数学、物理、化学等），文艺系（包括文艺理论、古典文学、语体文、诗歌等）三个系。采取志愿报名，只收少数学费，不举行入学考试的办法。没有几天，报名者达千余人，约占当时留在西安城内学生人数的二分之一以上。校址设在庙后街陕西省第一中学（即现在的西安市第二十五中学）。聘请了当时西安的知名教师，如刘含初、王授金、赵保华、雷晋笙、吕佑乾、马山、柯仲平、黄平万、吴化之等十余人。因为暑期天热，每天只上午上课四个课时，下午则进行课外活动。编写墙报、剧本、演剧、唱歌、出外讲演宣传等。报名上社会科学系的学生最多。因为没有大教室和礼堂，分成甲、乙、丙三班上课。该系讲授的课程有：社会科学概论、社会发展史、唯物史观、共产主义初步等。学生对这些课程很感兴趣，听讲非常肃静，聚精会神，教师们多半是党、团负责同志，讲授时也非常热心认真。经过一段学习，有很多学生表示愿意参加共青团参加革命活动，宣传收效之大出乎预料。

当时除在学校搞各种宣传活动外，还编辑出版了一个定期刊物叫《暑期学生》。每周一期，是用铅印出版的对开四版的报刊。内容除介绍暑期学校内的革命教学活动外，并大量登载革命理论，配合当时《西安评论》等革命刊物，在校外大量发行。所以这个刊物在西安城内也起了很大的宣传鼓动作用。

暑期学校由7月1日开学，到8月底结束。虽然只有短短两个月的时间，但对于革命理论的宣传和对青年学生的思想教育，起了不可估量的作用。

《回忆西安城围中的"西安暑期学校"》

❖ 魏佑民、许肖璧：大学生主办的流通图书馆

在20世纪30年代中期我们几个大学生从北平毕业回到西安，在西安市东大街以私人力量办起了一所私立西安知行流通图书馆，采取流通办法把图书送到劳苦大众的手中，开展读书救亡运动，对于挽救危亡的工作，起到了一些积极作用。因此人们称它是30年代我市一支文化轻骑。

流通图书馆以流通图书为主，我们根据当时形势的需要，在自己条件允许的范围以内，除搞好馆内阅览以外，并开展了一些流通图书的措施。

主编《读书周刊》。由1935年8月份起在《新秦日报》上发表作为该报创刊之一，共出了20余期。提倡多读好书，批判错误思潮，增长科学文化知识。后因该报减缩副刊种类而停刊了。

选辑《民众书库图书目录》一辑。从九一八事变发生以后，多地编印的通俗民众读物为数很多。我们搜集了多省市、多救国团体、多出版单位、多书店、多民教馆、多社会教育实验区编印的读物，共计1500多种编成目录，作为第一辑。介绍各地救亡团体、社教单位作为民众时事阅读学习教材之用。

组织大众读书会。为了交流读书经验，介绍读书方法，扩大读书效益，我们组织了大众读书会。参加的会员有40人，每两周集体开会学习一次。

组织杂志阅读会。杂志阅读会是一种合作性质的读书组织，每一个人

在半年以内交纳一元钱就可以看到数十种杂志。杂志由我馆派人骑车送书到家。每周一次收旧送新。这种办法适用于热爱读书而收入很少的读者。

举办骑车送书。我馆印有图书目录，凡是办过借书手续的读者，都可以享受骑车送书的便利，就可送书到家，送来新书，取回旧书，每两周一次。读者不出门就可看到自己要看的书。当时我馆经常骑车送书的读者，有100户左右。

主办茶园书库。在本市东大街全段，东门至钟楼之间，找了八个较大的茶馆，寄放群众读物（即民众读物目录第一辑的小册子，分组流通，按期互换），用专门设计的书箱存放图书。合起来是一个手提木箱，可作运书工具，打开来分层插书，可作阅览书架，对于保存和阅览，都很方便。计有50本群众读物，由茶园主人保管。在营业时间打开书箱，供众阅览。每逢星期六和星期天下午，由素梅小学学生救亡宣传队去茶园演出；唱救亡歌曲，演街头剧，说"顺口溜'数来宝'"，多取材于《老百姓报》。自茶园设书库以来，茶客增多，营业上升；饮茶才有了浅显易懂的书可看，茶馆主和顾客群众，皆大欢喜。据当时统计，每处茶园每天有二三十人常来看书。共计八个茶园就有200人次受到教育。初步把"勿谈国事"的场所，改变为畅谈国事的阵地。我们认为这一措施，花钱不多，效果不小，很适合于我馆的情况，因此"茶园书库"就成了我馆工作重点。

开展"小先生"代借图书。我们配合素梅小学"小先生"活动，发动"小先生"给他们的"老学生"代借图书。当时有三十几个"小先生"代借图书。他们为了完成自己的任务，还督促读者按时把书读完，以便还了旧的，再借新的。

增辟夏令阅览室。我馆的阅览室比较狭小，夏令时期受到影响。我们在暑期就借用素梅小学一个大教室开辟夏令阅览室。一些人为了乘凉也常来阅览室看书。阅览人数由平常三四十人增加到五六十人次，包括一部分小学生在内。

时至1938年时，日寇铁蹄近迫我省，敌机到处轰炸，同人等均随单位外迁。1938年秋敌机狂炸，西安红十字会被炸。我馆门窗多遭震坏，坏人乘虚而入，将所有图书盗窃一空。我们大家呕心沥血所经营的这一块文化阵地，竟被敌机毁灭于一旦。

《忆三十年代的一支文化轻骑——记"西安知行流通图书馆"》

❖ 马富明：吴宓在西北大学讲《红楼梦》

吴宓一生与红学结下了不解之缘。其对《红楼梦》之研究，造诣精湛，饮誉中外，是最早将《红楼梦》介绍到国外的权威学者之一。在国内红学界，则与胡适之、蔡元培、俞平伯等交相辉映。"一代文章矜四海，半生骚怨寄红楼"，这是友人姚文卿先生赠吴宓诗中之句，实乃真实写照。而吴先生一生对"红楼"的酷爱，可谓到了"疯狂"的

▷ 吴宓

地步。每论亲朋故旧，辄以红楼中人喻之，而将自己比作紫鹃，谓要无限忠贞地服侍黛玉，因他一贯认为黛玉玉洁冰清，迥异凡俗，故寄之无限同情。抗战期间，昆明当时有家饭馆的老板异想天开，附庸风雅，给自己的饭店挂上"潇湘馆"的招牌，吴宓看后，怒不可遏，挥杖斥责："你们开饭馆的什么名字不好用，要拿林黛玉的馆名来糟蹋！"因吴先生系社会名流，名教授，那饭馆老板只好自认晦气，诺诺连声。20世纪40年代初，吴宓在昆明、遵义、成都等地作红学演讲后，街头巷尾都在摆谈红楼梦人物，西南古城顿时刮起了"吴宓风"。当时有人赞誉说："文人中郭沫若和吴宓的报告，当场一字不误地记录下来，就是一篇绝妙的散文。"1947年吴宓来西安在西北大学作红学演讲时，亦是倾城风靡，盛况空前。吴宓在作红学演讲和报告时，以其高超的驾驭语言的能力，除对作品之本质作透辟论述外，特别是对人物性格之剖析切切入微，达到出神入化的境地。凡听过先生红

学演讲的人，无不啧啧称赞："那不是听报告，简直是看一场精彩的演出。他一人将林黛玉、王熙凤、薛宝钗等演得活灵活现，惟妙惟肖。"

《我国比较文学奠基人之一——吴宓生平事略》

❖ 王克刚：王绍猷悉心编写《秦腔记闻》

西安解放前夕，王绍猷将多年陆续写出的十六篇秦腔理论文章，自费汇印成册，名曰《秦腔记闻》。

《秦腔记闻》虽然只有六万多字，但对秦腔的源流、历史沿革、板眼、乐理、乐器以及与京剧和各路梆子的历史联系，都做了较为翔实的记载。他对秦腔的探讨最后得出的结论是：秦腔"形成于秦、精进于汉、昌明于隋、完整于唐、传播于明、盛行于清，几经演变，蔚为大观，在国剧上可谓开山鼻祖，有屹然独立不可磨灭之价值"。他还认为，京剧及全国各路梆子的发源和秦腔有密切关系。在该书中，还对眉户、灯影、木偶、线胡、阿宫、道情、歌剧以及花鼓等剧种，也顺便进行了探讨。他在《秦腔记闻》中认为，演员的表演水平常常决定一个剧种的兴衰。如在清朝乾隆年间，著名秦腔梆子表演艺术家魏长生两次入京，技艺绝佳，备受推崇，昆腔为之逊色；后又辗转扬州八年，把扬州一带的戏曲融化成为秦腔的梆子调。出于这种认识，他对梆子系统的著名演员，追本溯源地进行了考察，从乾隆年间的魏长生到解放前的新秀总共180名，都一一作了传体式的评价。这种实录性的评述，不但可供后来者揣摩神妙，且对秦腔舞台艺术的革新和发展也有一定的参考价值。与此同时，他还告诫演员，务必练好基本功，即：要有文化修养，培养高尚人格，博采众长，艺术上要刻意追求。

长期以来，戏曲被视为迎神赛会、享宾客之用者，因而从事这种职业的人被称作"戏娃子"，而打入另册。他却认为，这固然是封建世俗的偏

老西安_ **63**

见，但与有些优伶的不争气有关。从演出剧目来看，"低级粗俗，影响不良"；从演员本身来讲，"行为卑劣，沾染嗜好"。所以他呼吁：演出之剧本要有益于"世道人心"，"辅助社会教育"；艺人们要"先品行而后艺术"，"其人格之好坏，与剧业之成败，实具有密切关系"。因为"鼙鼓动干城之思"，他的这种观点用今天的话来说，戏剧是振兴中华民族的思想武器，因此，演出要顾及社会效果，演员要有高尚的艺德。老先生在20世纪40年代就提出这个问题，不但表现了他对秦腔的关注和对艺人的爱护，而且对那些把戏剧商品化、庸俗化的演出，也算是一个告诫吧。

他广稽博考，较系统地对秦腔理论进行了探索。从史的角度来看，它也可以称作轮廓的秦腔史。在此书问世之前，有多少勇于改革秦腔的志士，对秦腔的这一混沌状况，无不深感遗憾。易俗社剧作者高培支先生曾经说过："我们秦人是数典忘祖。"易俗社前任社长李约祉先生也说："戏曲之源，起于西秦，而秦人反无片纸只字之著述，宁不可愧！况吾易俗社者以社会教育改良戏剧为己任，数十年来，亦竟无人焉注意及此，尤觉惭恧矣。"

由此可见，在这种情况下，《秦腔记闻》虽较粗略，但总算秦腔理论研究较为系统的一本著述。李约祉和高培支二位老先生都为该书写了序。李约祉先生在序中说："余捧读一过，如获至宝，叹曰：有此贡献，今而后吾秦人可无愧于剧界矣，吾易俗社可谓尽其责矣！"

《知名秦腔理论研究者王绍猷》

❖ 肖小宁：阎甘园与甘园学堂

阎甘园，原名周培棠，字甘园，雅号"辋口轿者""晚照楼主"。1864年2月12日出生于陕西蓝田县城一个旧知识分子家庭。先生之父号乙侯公，系清朝咸丰时秀才，终生设馆教学，且擅长书法，是蓝田县颇有声望的人物。甘园先生出生时，乙侯公尚有土地20亩，房屋10多间，算是个比较富裕的家庭。

阎甘园从四五岁开始，就在父亲的严格指导下，读书习字，吟诗填词。他12岁开始在蓝田县进学，1880年3月考中秀才，名列榜首，由此获"奇才"和"神童"雅号。1881年到省城，把谋生的希望寄托在每隔三月各县秀才考试获第一名可得的2两银子的赏钱上。他满怀信心地参加每次考试，以名列榜首的成绩得赏钱维持生计。阎甘园考试获赏，一时传为佳话。一时间，西安及三原、富平等县的富豪人家，争聘阎先生设馆教学。

阎甘园主张："维新变俗，废除八股。"1897年6月1日，他创办了陕西省有史以来的第一家报纸——《广通报》，宣扬废八股，兴学校，倡商业，举工艺，关注时政，学习西方等主张，先生因此名扬海内。

1903年6月，阎甘园辞官赴日本考察教育，回国后他满怀振兴中华兴办实业的热忱，倾尽全力开展活动。

阎甘园先生在清廷下谕设办学堂的高潮中，于1903年9月，在西安市小车家巷设立"绅立蒙学堂"，约年余迁至西木头市，以自己的字命名，改为"甘园学堂"。因该校提倡新学，故有人称之为"洋学堂"。甘园学堂1904年3月又迁至南院门，初成立时规模很小，仅有初小一班，后增设高小班，教职员4人。

阎先生办起全省第一所私立学堂后，立即投入紧张而繁忙的自编教材工作中去。因为甘园学堂的课程门类，除"四书""五经"外，又开设国文、算术、历史、地理、音乐、体操，后又增设物理、植物、人体解剖等。这些课程开始都没有教材，一时难以开课，阎先生就根据自学的基础知识，并参照西方、日本中小学的课程内容，从增强学生基础知识和容易掌握为出发点，用了约两月时间，编出了《新三字经》一书，该书以各门基础知识为核心，用三字成一句的白话文体裁写成，读起来顺口，记起来牢固。阎先生编写的课本系木版印刷，被不少中、小学堂采用，直到上海出版的各种教科书进入西安后，阎先生才停止了自编教材的工作。

甘园学堂开始不收学费，人数很少，多为阎先生的亲属和挚友子弟；后来学生渐多，才收少许学费。在该校学生中平民子弟占大多数，除汉族外，也有回族、满族青少年。当时的社会名流对甘园学堂也很重视支持，宋伯鲁先生除对学校资助外，还送儿子入学就读，邵力子先生（当时名邵促辉）也在这所学校任教。甘园学堂纪律严格，学生一律穿蓝制服，戴"熨斗帽"；禁烟酒，不许迷信鬼神。由于阎甘园先生治学严谨，教学有方，所以当时人称赞他的治学精神说："凡有质疑问难，一本海人不倦之精神，详为解答，教鞭所指，成绩斐然。"

《陕西教坛先驱阎甘园》

❖ 江宏基：教育家江隆基在西安二中

1927年6月，江隆基在北京大学光荣地加入了中国共产党。1931年由陕西省政府主席杨虎城送往德国留学，1936年回国。

西安事变以后，江隆基任西安第二中学（陕西师大附中前身）校长，为实施抗战救亡教育，进行了尖锐复杂的斗争。

为适应抗战的需要，在课程方面他大胆地进行了改革。每周有一个下午是国际形势课，由他自己向学生讲授。"公民"，废除原有课本那一套反动内容，由教员另选与抗战有关的材料

▷ 江隆基

印发、讲授。"国文"，也经常从延安出版的报刊上选一些文章，作补充教材。尤其令人注目的是，每天升降国旗的时候，他不让学生唱规定要唱的国民党党歌（即所谓"国歌"），而改唱《义勇军进行曲》，即新中国成立后的国歌。

江隆基还草拟过一份《战时教育工作计划》，在《西安二中》第八期发表。《计划》分基本原则、特殊训练、科目及时数之变动、课程内容、

课外活动的实施办法等6项，共42条。在基本原则中，他提出："抗战期间教育工作的中心任务，应是动员全国的智力，使其与人力、财力、物力配合起来，以争取民族解放战争的最后胜利。课程内容应尽量与抗战发生联系。课程可分为必修和选修。教学方法，应采取集团主义的自我教育。"课程内容一项，如地理，他以为："应以一半时间教授课本，另一半时间讲述战地形势、国防要塞、交通建设、人口及食粮之调剂，并绘国耻及战事地图。"凡此种种，都是很有见地的主张。今天看来，仍可作中国教育史研究的资料。这一计划，他曾报送陕西省教育厅，建议通令推行，但没有被采纳。而在二中，江隆基则力图贯彻《计划》的精神。为加紧战时教育的步伐，他"以七事与同人共勉"。其中第二事是，要求教职员"在生活和工作上养成严肃的态度和刻苦的精神"。第六事是，"学生课外活动，教职员须尽量参加，每个教职员都负领导学生的义务，脱离了学生，即是脱离了教育"。这就明确指出了：教育工作的服务对象是学生，而身教尤重于言教；教育工作者无论在平时或战时，都应有蓬勃奋发的朝气和艰苦奋斗的精神。

为了扩大学生的眼界，丰富他们的知识，激发他们的爱国热情，他在短短一年的任期内，邀请了不少抗日将领、大学教授及其他知名人士到学校演讲，计有：陕甘宁边区政府主席林祖涵讲《团结抗战》，抗日将领旅长许权中讲《前线归来》，团长李振西讲该团在前方抗战经过，艾思奇讲《抗战与学生责任》，郑伯奇讲《怎样作文化运动》，姚二征讲《国难期中戏剧的任务与途径》，杨明轩讲《欧游见闻》，德国友人王安娜（女）讲《日耳曼民族解放运动》，西北农林专校某教授讲《毒气战争及防御》《唯武器论的错误》，还有上海救国会七君子之一的李公朴、西北临时大学教授张德馨，也到校作过演讲。此外，校剧团还举行茶会欢迎由左明领队的上海救亡演剧队第五队，和由丁玲、聂绀弩率领的西北战地服务团。同时，为使学生接触社会实际，从现代化工业生产中接受教育，江隆基还亲自率领毕业生参观大华纱厂和成丰面粉公司等。

江隆基在西安二中的时间不长，但由于他和进步教职员的努力，加以革命学生的配合，二中很快就成为青少年热烈向往的学校。1937年暑假招生，规定录取250名，报考学生竟多达2204人，于此可见一斑。

《人民教育家江隆基在西安》

❖ 郁士元：反动政府统治下的"西大校风"

校内负责者钩心斗角，走马灯式地换来换去，真所谓"一朝天子一朝臣"。西北大学的前身是西北联合大学，西北联合大学前身又是西安临时大学，所谓西安临时大学是1937年七七事变以后，平津沦陷，教育部将北平之北平大学、北平师范大学和天津之北洋工学合组而成，成为抗战初期临时成立的大学，与长沙临时大学（后改为西南联合大学）遥遥相对，均为平津沦陷后，由平津迁出之大学，因为每校由三个院校临时组合而成，故教师力量极为雄厚，可算是全国最精华的两个大学。西安临时大学校址接近战区，当时应该怎样卧薪尝胆，艰苦奋斗，以培养抗战建国的干部。可是当时的三个常务委员（原系平津三院校的校院长）各怀鬼胎，钩心斗角，在国难当头的时候，仍然植党营私，扩张自己的势力。三个常委轮流值日，当某常委值日时，即大拉其亲信，终日忙于发聘书和委任状，彼此仿效，甚至竞争，把学校搞得人浮于事，经费预算庞大，入不敷出，教授中还有争权夺利，拍桌骂人，甚至有用手电棒动武的，闹得乌烟瘴气。当时教育部长特务头子陈立夫就利用这种混乱局面，乘机分化，把西北联合大学（简称西北联大）拆散，成为西北大学（简称西大）、西北师范学院和西北工学院，并派他的部下特务小头子张北海到西北大学担任法商学院院长，在西大内部制造风潮，将进步教师赶走，换来一批与特务集团有关系的教师，有时感觉校院长不顺手，就连校院长一起换，新换来的校院长带来一批新贵，都安插在最重要的职务上，把原有的人挤下来，因为校院长换来换去，担任重要职务的，例如教务长、总务长和训导长以及其他重要

▷　1946 年的西北大学

职员也是换来换去，新校长到任时，总有一批黄袍马褂扛旗打伞的跟踪而来，即至去职时，又随之而去，故当时叫作"一朝天子一朝臣"。因为更换很勤，故又叫作"走马灯式"的更迭。在校的旧教职工（不随校长去留的）送往迎来，成了家常便饭。这就是反动政府统治下的"西大校风"。

《解放前的西北大学校风》

❖ 杨汉明、孙西军：陕西省第一所近代高等学府——陕西大学堂

陕西大学堂是陕西省第一所近代高等学校。创建于1902年（清光绪二十八年），辛亥革命后停办，先后办学八年。

陕西大学堂的校址在东厅门（即现在西安市第二十中学的校址），其全部校舍是在省城东考院和西安府的崇化书院的基础上扩充扩建、逐步建立起来的。考院和崇化书院相邻，合计号舍有三四十间，而且隙地较多，可供扩充。在此基础上，在清王朝时期，校舍有两次大的扩建。一次是光绪二十八年，学校初办，省巡抚升允，拨库银2万两，派熟悉工程的人员兴造建堂，使学校初具规模，保证了当年招生开学。另一次是1905年冬天到1906年春天，进行了新的扩建。省巡抚曹鸿勋委派县令涂嘉荫为监务，先派人带领工匠到湖北省考察了学堂建筑，待考察者回陕后，仿华、洋各式增建堂舍，共建讲堂、斋舍、自习室、图书仪器室共73处，大小房舍252间，共用银两1.83万两。

学校有一定的教学设备。学堂有藏书楼、译书局、博物院各一个。并于1905年派员到日本考察学务，采购仪器，到1906年全部运回学堂。学堂初办时，因科举尚存，又无中学毕业生，选拔的学生多不合格，学制没有严格规定，课程也不完善，教学没有严格要求。清政府《奏定学堂章程》公布以后，特别是1905年废除了科举制度以后，学堂教学工作有所改善，

更订了学堂章程，规定了学制，明确了学段，酌定了课程等。同年派人到日本采购仪器，聘请教习。

　　学堂的教学内容和课程设置，贯彻"中学为体，西学为用"的宗旨。陕西巡抚升允在开办大学堂的奏折中规定："教法自当以伦理为先，次及经猷材艺"，说明了这一宗旨。按照这个宗旨，1902年，陕西大学堂总教习屠仁守拟定的科目，中学分4门16目，即第一门为性理格致，分明伦、修身、综物、博文；第二门为政治时务，分治纲、掌故、内攻、外交；第三门为地舆兵士，分形势、绘图、法制、韬钤；第四门为天文算术，分测候、推步、元化、积微。在四门中，根据学生的爱好任选一门为专业。西学也分四门，即算艺科、质测科、电化科、文语科。但因没有西学教习及仪器设备，因而缓开。当时学校初办，因教师和设备缺乏，主要开设的是经史、舆地、算术等课程，尤重诵习小学、四书、五经，浏览历代史鉴，用以"厚植根柢"。1906年，从日本聘请回洋教习及西学各科教习后，并购置了一批仪器、图书，又着重讲授普通西学、外语和格致诸课程。

　　　　　　　　　　　　　　《20世纪初陕西省第一所最高学府陕西大学堂》

第三辑

动荡年代·老城的百年风云流转

❖ **邵宏谟、沈传忠：**同盟会陕西分会的成立

1905年8月，中国同盟会在日本东京成立，提出"驱除鞑虏，恢复中华，建立民国，平均地权"的纲领，中国资产阶级民主革命进入了一个新阶段。当时陕西在日本的留学生井勿幕、康宝忠、白秋陔、宋元恺、李元鼎、曹澍、张铁、张季鸾、杨铭源、赵世钰、徐朗西、郗朝俊、张蔚森、马步云等加入同盟会，追随孙中山进行革命。康宝忠任总部评议员，为陕西主盟人。同年冬，井勿幕、徐朗西、张铁等奉孙中山之命回国运动革命。徐朗西到了上海在帮会进行活动，张铁、井勿幕等回到陕西，宣传孙中山的救国主张和同盟会的革命纲领，联络进步知识分子和其他阶层的革命力量，发展同盟会员王子端、焦子静、李仲特、李桐轩、柏筱余、邹子良、高又明、马开臣、胡定伯、王守身、康寄遥、王授金等30余人。1906年，于右任赴东京为《神州日报》筹集资金，亦加入同盟会。是年秋，经井勿幕、赵世钰等人筹划，在东京成立了"同盟会陕西分会"，白秋陔任第一任会长。从此，陕西人民的反清斗争，改变了以前"各不相谋"的自发分散的状态。

同盟会陕西分会成立后，为了发展革命势力，推动陕西革命运动的发展，在国内外创办报刊，建立据点，大力开展革命的宣传和组织工作。当时，在东京创办了《秦陇》杂志，推定由党积龄担任总经理，由郗朝俊、马步云、张蔚森等分任事务、会计和印刷等职。接着，杨铭源、李元鼎、赵世钰等又组织《夏声》杂志社；谭焕章、崔云松、郗朝俊等另成立《关陇》杂志社，出版《夏声》和《关陇》，秘密运回国内发行，这些杂志揭露帝国主义的侵略罪行，抨击清政府的腐败卖国，宣传民主革命思想，有力地推动了陕西革命潮流的发展。此外，在国内的同盟会员和进步知识分子

张瑞玑、张深如、南南轩创办了《兴平报》（后改为《帝州报》）；郭希仁、王铭丹、贺绂之等创办了《丽泽随笔》，在揭露清政府的黑暗统治，制造革命舆论方面，也发挥了一定的作用。同盟会建立的运动革命的秘密团体和据点，在西安有同盟会员张铗组织的教育总会，钱鼎、党自新、张柏英等创设的武学社，郭希仁、曹印侯成立的声铎社等团体，又有焦子静、张拜云、吴映星、邹子良等开办的公益书局、健本学堂、女子学堂等作为秘密机关。在外县有各县教育分会，三原的勤公社、蒲城的良友社和泾阳柏民花园、同州师范、耀州届湾牧场、宜君马栏山铁矿等秘密机关。这些革命团体和秘密机关，在扩大革命宣传、聚集反清力量、准备武装起义等方面都发挥了重要作用。此外，同盟会还利用一些合法机构如驿传房、咨议局等作掩护，进行革命活动。

《陕西辛亥革命概述》

❖ 郑伯奇：清末陕西，农业学堂罢课风波

1910年（宣统二年），即辛亥革命的前一年，西安的学生运动达到了高潮。新成立的农业学堂和纪律极严的陆军小学堂，先后发生了大规模的罢课。其中农业学堂罢课时间最久，影响很大，成为进步力量向反动统治展开的最激烈的一次斗争。当时，我是农业学堂的一个年纪最小的学生。在这次斗争中受到了锻炼，也开拓了眼界，从而参加了当时的革命组织——同盟会，对自己以后的思想和行动，产生了深远的影响。现在回想起来，已经有些记忆不清，但是大关节目仍留有深刻的印象。

农业学堂成立于光绪三十四年下半年，最初只招收一班学生，我就是被录取的新生之一。监督由高等学堂监周石望兼任，西安府知府尹昌龄（清末陕西有名的能吏）亲任提调。学校的全称是"陕西省会农业学堂"。学校新成立，教员缺乏，课目不全，负责人既系兼差，不常到校，学生颇

不满意。第二年春，又招收各县高小毕业生，成立农、林、蚕及预科四个科，我转入农业科。外县学生年龄不齐，有的年在三十以上，而年纪小的只有十五六岁。由于年龄差距太大，学生的志趣不同，经历各异，思想情况也很复杂。在当时西安各学校中，可能是比较落后的一个。清朝官吏对这个学校似乎也不重视。所以，罢课发生以后，这些腐败的官吏持以冷漠不理的态度。但是他们没有看到学生背后有革命党人和进步力量的支持以及各校广大学生的声援。最后，反动势力不得不表示让步，罢课得以胜利结束，使清朝的威信又受了一次严重的打击。

▷ 郑伯奇

罢课是学生对教学和生活管理积有不满而爆发的，实际原因是对当时政治现状的不满。罢课发生以后，学生立即组织起来，成立纠察队，并推举六个代表向学校当局交涉。由于清政府持冷漠不理的态度，全体学生大愤，一致决议迁出学校，搬到城内城隍庙后街的财神庙。原来学校设在城外（现西北大学的地方），虽然发生罢课，未引起社会上的注意，全体搬到城内，事态便扩大了。西安各校马上纷纷派代表慰问，并表示支援。我记得高等的马彦翀，师范的寇胜浮，健本的胡景翼，都代表各校到马神庙来过。教育界的最高团体教育会也表示关心。罢课学生代表如张义安、王盈初，也向各社会团体和进步人士奔走呼吁，更引起社会上的广泛注意。不久，陆军小学堂也举行罢课。清朝的腐败官吏生怕军事学校的罢课发生意外的影响，在数日内即予解决，而对于先罢课的农业学堂依然置之不理。这样不仅更加激怒了学生群众，也引起社会各方面人士的深刻不满。教育会为此召集大会，教育会长兼咨议局副议长郭希仁先生严正陈辞，罢课学生代表张义安痛哭流涕，以头撞壁，表示必死的决心，全体罢课学生也纷纷质问，坚持不屈，终使那批昏庸腐朽的清官吏不得不接受学生的要求，将不学无术的教职员全体撤换。这一斗争的胜利，不仅鼓舞了广大学生的斗志，并且给革命队伍造就了一批新生的力量。张义安、王盈初等在这次斗争中参加了同盟会，在同学中散播了革命种子。不久，我也由张义安、胡笠僧（景翼）的介绍加入了同盟会。

《回忆辛亥革命前夕陕西的学生运动》

❖ 邵宏谟、沈传忠：攻陷西安城

1911年10月10日，武昌起义爆发，陕西新军闻风响应。

10月22日清晨，同盟会、新军以及会党首领30余人，在西安西郊林家坟秘密集会，推张凤翙为首领，钱鼎为副首领，决定即日起义。

林家坟会议后，大家立即归队回营，准备行动。当日上午10时左右，陕西新军在张凤翙、钱鼎、张伯英等率领下，分三路进城，首先夺取南城附近开通巷内的军装局。正好这天是礼拜天，护理巡抚钱能训和各司道以及军事参议官等都在咨议局开会，驻防军军官照例放假回家，军装局内没有准备。张伯英等率队进抵军装局，守卫的巡防营少数官兵不敢抵抗，纷纷从后门逃走。起义军占领了军装局，获得大批武器弹药，接着控制了城内的制高点鼓楼等，并分兵攻陷巡抚、藩台各衙门。

战斗打响以后，驻防旗兵将军文瑞从咨议局逃回满城，即令旗兵紧关城门，布兵和起义军严阵对峙。其他清朝官吏，都逃到商、民家中隐匿起来，巡防营全部反正。因此，在几乎没有遇到什么抵抗的情况下，就顺利地占领了除满城以外的西安城，市内的学生、店员及哥老会众，纷纷剪去辫子，臂缠白布，以为响应。

当日晚，张凤翙约郭希仁、常铭卿、王子端、李子逸等在军装局组设起义军总司令部，商定用"秦陇复汉军"名号，刊刻"秦陇复汉军总司令部图记"。

▷ 张凤翙

10月23日黎明，秦陇复汉军大统领张凤翙下令向满城进攻。满城在西安城的东北角，面积约占全城的四分之一，是驻防旗兵及其家属的住地。当时在满城的旗兵，大约有5000人，他们在将军文瑞的指挥下，拼死抵抗。在进攻满城的战斗中，张凤翙亲临第一线指挥，哥老会头目刘世杰、马玉贵等带领兄弟冲锋在前，视死如归，经过近一天的激战，起义军才攻占满城，将军文瑞投井自杀，西安全城光复。

《陕西辛亥革命概述》

❖ 屈武：投身五四运动的西安爱国学子

五四那一年，我正在西安私立成德中学读书。西安僻处西北，一向是比较闭塞的。中国在巴黎和会外交失败的消息传来，使西安的一般学生感到国亡无日，于是纷纷自动集合，要求响应北京学生的爱国运动。接着，各中等以上学校开了学生代表联席会议，我代表成德中学参加会议。这个会议决定：西安市各中等学校学生全体罢课；举行抗议示威游行；组织讲演团，向商人和市民宣传抵制日货，劝用国货；等等。西安学生就这样离开了书斋，走上了街头。5 月下旬，学生们举着"诛卖国贼曹汝霖、陆宗舆、章宗祥"和"头可断，青岛不可失"等旗子，举行了西安市空前未有的示威游行，并且在街头进行了广泛的宣传。讲演的学生慷慨激昂，声泪俱下，讲到最痛切的地方，还有人撕下竹布大褂下襟，咬破中指，血书"还我青岛"等字。西安学生这种高涨的爱国情绪，受到当地各界人民的同情和支持，使这个死气沉沉的古城苏醒了。

在示威游行之后，为了使学生运动组织化、经常化，我们又在西安学生代表联席会议的基础上，组成了陕西省学生联合会，我被选为会长，邹遵（后加入中国共产党，大革命时牺牲）被选为评议长。学生联合会还出了会刊，经常报道陕西各地和全国学运情形，提出陕西省学生的行动口号，对当时陕西学运起了推波助澜的作用。

《我在五四运动中的经历》

❖ **李约祉：** 刘镇华围困西安的三个计划

刘镇华围困西安城，实施了三个计划，三个计划都是事实所迫，临时采取，而不是预定的。第一计划，得到了城中驻军有撤退出城的消息，得到了城中一批内奸，有组织什么和平期成会，欢迎孟座进城的消息，刘镇华高兴极了，这么一来，岂不是可以不战而胜，不劳而获，我将要以体面的姿态入城，此乃上策。实不料到，这个上策被杨虎城、李虎臣两人合作，决定守城，一下子毁灭了。第二计划，估计到城中守军的数量，杨部有多人，李部有多人，卫部有多人，结果只有三千人，极而言之，上万人，而我是号称十万。估计到两方面的战斗力量，它是派系复杂，号令不一，装备参差，弹药缺乏，而我是号令统一，装备齐全，物资充盈，而孟座之有吴阎两大靠山的支援，以此对敌，势如泰山压卵，占绝对的优势，因而毫无特意地定出第二计划——攻城。只要将西安城一攻而下，我将要以威严的姿态入城，此乃中策。

攻城的计划实施了，米（暂沉）同志关于刘军自西安城东北角大举攻城一役，写得有声有色，既详且尽，终以我胜敌败结局。唯对于攻城的日期，及攻城的时间，恐怕不对。刘镇华是急于要攻城的，第一计划，既然失败，赶快要另想办法，不能拖得很久，攻城的日期，当就是四五月之间，尚未合围以前，不能是7月22日，那太晚了。至于攻城时间，米说从上午6时直至下午7时，我军把敌军打退，得到胜利。这也不合事实。刘镇华知道西安城池坚固，若攻城门，城门有一夫当关万夫莫开之势，万难得胜，于是他想于周城防御薄弱之处，越墙而入，这样攻法，便是窃袭，窃袭是宜于夜而不宜昼的，这是敌方他能想到的，我方也能想到，他要由东北方面攻，我方即于此处防。事实是这样的，战事是什么时起，我们不必提及，却是到了夜里，激烈战争到了高潮了，短兵相接，肉搏相拼，就在顷刻之间要决胜负之际，敌方队伍，忽然觉得大小不对头，枪子是从后面来了，疑惑是自己阵营里起了内变，赶快下令退撤，于是阵营大乱，自相践踏，我军乘势，出城追击，得到了光荣胜利。胜利的时间，不能是下午5时，那时天尚未黑，不能有此现象。

究竟是怎么一回事情呢？敌军方面，退撤后，它详细调查，没有什么叛变。我军方面，恐怕是除了极少数将领以外，谁也莫名其妙。

东北梢城之外，以东之处，有一大土壕，这一小小地利，被一军官王守身（绰号黑脊背）者，看到眼里，顷生急智，打下主意，战事以前，预先带他的部下，就壕的腰间，挖战壕一道，兵士跟随其间，在戒严时间，此地绝无闲人，谁也不知。妙在他早不开枪，迟不开枪，恰要等到天黑地暗，战事到了高峰，顷刻要决胜负的时候，来了这一手，使敌人觉得子弹从后面来了，给它一个致命打击。

这一战役，当然是两方面都损失惨重，却是所得结果大不相同。我方得到胜利，斗争的勇气，更加强了，胜利的信心，更加强了。而敌人方面，经过这次大败，大大地挫了锐气，从此以后，放弃了他的中策，再不敢作大举攻城之想了。

第二计划失败了，决定第三计划——围城。西安向来是个消费城市，食粮全靠外州县的供给。人常说：七日粮食不入城，便发生恐慌；一月粮食不入城，那便不堪设想。这是刘镇华所知道的，他便采取围城计划，意在使他的敌人，受不了困难，你就只得投降，成了个鹬蚌相持之势。

守城的人，每于夜间，将自制的手榴弹，隔三岔五地向城外一抛，叮咚一声，表示我未睡觉；围城的人，每于日间，有目标地向城中空放几枪，表示我有子弹。总之，都是无聊。城中也有好几次，于夜间发动几排队伍出城干扰一回，不一时间，只听得城外一阵机关枪响，被赶回来。总之，可谓夜战。似这样的情形，相持了很长的时间。

《刘镇华围城纪略》

郭铁民：一把火烧了十万亩麦田

刘军放火烧麦一事，约在6月上旬。围城时期，环城七八里内村庄农民早已逃避一空。麦熟以后，不知从何处传来消息，说守军准备出城割麦。刘军闻之，即时放火焚烧。当时城外一片火海，白昼浓烟蔽空，入夜火光烛天，此熄彼燃，延烧达五六日之久。在延烧时，有的农民从数十里外回来冒火抢割，也有附近村庄农民与火线部队熟识，混乱抢割。由于战沟纵横枪声时起，割运特别困难。因为农民收割者为数不多，大部均被焚毁。估计当时焚毁麦田，在十万亩左右。事后刘军第五师第九旅武衍文部刘安吉连长曾对我说，烧麦时有一老农从草滩回来，准备收麦，看见自己麦子全被烧光，自己房屋又全被拆毁，当时气绝而死。并说烧毁麦子足够刘军一年军食。刘镇华为了困城，如此坚壁清野，真是灭绝人性了。

《刘镇华祸陕围城见闻》

王生枝："二虎"坚守西安

1925年冬，国民二军与河南八县红枪会大战，红枪会伤亡惨重，河南人民仇陕颇深。镇嵩军刘镇华攻打陕军，在洛阳拉开战幕。其时李部营长李定五奉命押送子弹二十万回长安。交通不便，路途险阻，任务艰巨。子弹运到潼关，李营长判断，潼关虽固，然南有镇嵩军出没，北有异军骚扰，不宜宿营，决定进发二华。后得知过了潼关后，澄县的何梦庚果来潼关抢劫子弹，扑空未遂。子弹平安到达长安。

1926年春，我军驻渭南车雷村一带。得知国民二军在洛阳军事失利惨重，几至全军覆没。郭炳成部已退至潼关收招残部，设防潼关抵抗，坚持月余。时豫军人马众多，乘胜尾追，兵临潼关城下。豫军在地下挖有大、中、小主坑、支坑，连成攻击网，出其不意，运动至二军后方。二军未有地下防御工事，遂再败，撤至临潼；继败，撤至灞桥、十里铺，再设防线，居高临下，意在阻击。镇嵩军囿于地形，正面无法进展，遂将大股兵力，绕南山脚下，西向运动，并从渭北向三桥挺进，以隔断北山之耀县（今铜川市耀州区）、淳化。我军又败于十里铺，被迫退守长安城内。

二军连续败北，伤亡过大，城内防线长，形势危急。时第三军杨虎城驻防三原，给李虎臣打来电话问："咋办哩？"李回电说："你来我守，你不来我走。"杨虎城即派姬汇伯旅星夜赶至长安北门外，立足未稳，闻镇嵩军攻东门甚急，姬汇伯即命阎志云连，冲锋上阵，击退攻城军。时李定五营驻韩森寨，听枪声激烈，李即带马弁数十，视察阵地，与攻城军相遇，侧翼击之，敌狼狈逃窜。此后，北门、东门由第三军杨虎城防守，南门、西门由第二军李虎臣防守；李虎臣任总司令，杨虎城任副总司令。为了统一，第三军拆掉军帽上的红线圈（据说红线圈为孙中山所绘）。

这时，李定五营已整扩为团，住小雁塔一带，我连守小雁塔。小雁塔为守南门要害据点。豫军攻击，得而失，失而得，凡六七次。我是第四个接任连长，以前有三个连长，六个排长，皆为守城捐躯，以故接任连长者，多有难色，李总司令曾用两个马弁下连充任排长。我连当时的装备有英造的六挺机枪，口径紧，瞄准精确，子弹充足，每支枪有20多排。一次，豫军进攻，我命勇猛还击，毙敌无数，横尸累累，我也中弹多处，衣服被打烂，但身体完好，上级巡视时说："你真命壮！"豫军吃了亏，成了惊弓之鸟，只要听到我连枪声，就不敢交锋。从此，上级将我连留作机动部队，哪里吃紧，就去哪里支援。

镇嵩军在军事上围城，政治上挑拨离间。有个张益谦，华阴人，原系赴京陕西议员，因杀妻犯法，弃职济南经商。因李虎臣曾给他当过马弁，镇嵩军招张到长安，约定日期，妄想说服李虎臣开城投降。城内有一知名人物，家有积粮，但却使家人忍受饥饿，每天向"二虎"索粮吃，家人不堪饥饿，潜向"二虎"告以实情。总司令派李定五带兵去搜，果搜出藏粮之处，某遂缄口不语，再不索粮。这时还有奸细离间"二虎"说李虎臣已下野多日，不见踪影；后杀了奸细，真相大白，才知"二虎"同住喇嘛寺，运筹帷幄，同操守城重任。城内军、政、民等一致团结，誓与城池共存亡。粮食奇缺，军队杀马充饥，单身汉无人照管者，多饿死。

自古骄兵多败。镇嵩军虽然兵多气粗，但主帅骄躁，间有城外地方不屑之徒愿归向的亦无诚意招纳，久之渐失人心，各自他去。而城内则精诚团结，愈守愈强，陕籍在外人士及学生，相继吁请冯玉祥发兵解围。冯派骑兵领先，步兵继后，于11月中旬到达长安，由南山脚，抄二华；豫军不知虚实，连夜撤退，西安围解。

《回忆"二虎守长安"》

❖ 聂芝轩：举行追悼大会，纪念死难军民

1927年2月25日，在革命公园对面广场（即今市人民体育场）举行了追悼大会。事前在会场周围搭起了席棚。在开会的那一天，主席台和席棚里挂满了各方面送来的挽联，整个会场沉浸在一片沉痛和肃穆的气氛中。参加大会的有各机关、团体、各界人士、城关居民以及城郊部队。大会是由冯玉祥主持的。在会上他首先说明坚守西安的重大意义，并热情地赞扬陕西军民为抗击反动罪恶势力而不怕牺牲的革命精神。继之，中国共产党党员、国民联军总司令部政治部部长刘伯坚和苏联的几位友人也讲了话。他们的讲话有力地启发和鼓励了与会人士。闭会后，人们都怀着沉痛和仇恨的心情离开了会场。

《为纪念坚守西安死难军创建革命公园经过》

❖ **苏执中：** 西安"四二六事件"纪实

1932年4月25日，戴季陶为了欺骗西安学生，瓦解陕西抗日救亡运动，拟由伪陕西省教育厅长李寿亭（即李子会）于4月26日在西安市民乐园大礼堂召集各校学生举行所谓的"扩大纪念周"，戴亲自到会演讲。我党地下陕西省委得知这一消息后，经研究认为戴必然要讲蒋介石国民党的"攘外必先安内"和"绝对不抵抗"的反动政策，要学生"读书救国"，大谈"开发西北"的反动谬论，以欺骗群众、蒙蔽青年学生，妄图把祖

▷ **戴季陶**

国的大西北作为反共基地。经过分析西安当时的敌我斗争形势，主张进行针锋相对的斗争，决定：（一）将计就计、组织学生参加；（二）当戴发表反动谬论时，相机当场提出质问批驳，揭露国民党反动当局假抗日真反共的反动政策；（三）宣传我党抗日主张，把西安抗日救亡运动推向新的高潮。当即于25日下午由我党地下省委负责人李艮同志在党团员人数最多的西安高中召集西安高中、西安中山中学、西安女师、西安师范、省立一中、省立职业中学等校党团支部负责人秘密开会进行布置。26日上午9时各校师生5000多人到民乐园礼堂开会时，戴所讲内容果不出所料，当戴讲到带有侮辱性的"西北落后""陕西没有开化"（后来传说戴还说应把"陕"字的"阝"旁改为"犭"旁）时，一下激怒了学生，纷纷递纸条质问："日本侵占东北大片国土，为什么不抵抗……"等等，弄得戴季陶尴

尴难堪，支支吾吾、胡言乱语。李寿亭一看事情不妙，出来给戴季陶解脱困境说："对日问题，是国家大事，事关国策，政策自有权宜之计，戴院长怎么能随便给你们答复呢？"戴季陶接过李寿亭的话，又喋喋不休地大讲"安心读书"和"读书救国"的亡国谬论。有人打断他的话说："不是我们不安心读书，东三省的大片国土沦陷了，几千万同胞成为亡国奴，我们怎能安心？！"有的高声喊："反对不抵抗主义！""强烈要求政府出兵抗日，收复失地！""打倒日本帝国主义！""反对攘外必先安内的政策！"……雄壮的口号声震动了礼堂内外，质问声、口号声、谩骂声，汇集成了一团愤怒的烈火，一时会场秩序大乱，石块、瓦片直向戴、李打去，连戴的衣服也被扯烂了，狼狈不堪，连滚带爬地跑到后台去。激怒的群众以为戴要逃跑，便一拥而上冲出大门，呼喊着："要戴季陶答复问题！""不抵抗就是投降主义！""反对攘外必先安内的政策！"紧紧包围了礼堂，并向后门冲上去，反动政府的宪兵、警察把住后门，不让学生逼近。龟缩在宪兵、警察保护下的戴季陶，不敢露面。久已积怒在胸的学生中有人喊道："砸烂这乌龟的汽车，看他出来不出来。"停放在大礼堂旁边的小轿车，便被推到广场，有学生登上车顶发表声讨演说，接着用砖石、瓦片砸毁并烧了汽车，把守的宪、警持枪阻拦，戴、李乘机逃跑，学生三人当场被捕。

事件发生当晚，按照我党地下省委指示，西安学生抗日救国总会召开各校代表联席紧急会议，决心继续战斗，决定发表宣言，向全国各大专院校快邮代电，公布"四二六"事件真相，扩大抗日救国的宣传，并要求国民党当局立即释放被捕同学，严惩殴打学生的凶手，坚决驱逐戴季陶滚出陕西，自即日起，全市各校一律罢课，不达目的誓不罢休。还决定从27日起全市学生列队上街游行示威，在北大街公共体育场（现人民剧院旧址）举行集会，要求驱逐戴季陶。伪陕西省政府闻讯，连夜调遣军警把守各校大门，不许学生出外，对西安市各大城门也增加岗哨，不准城外学生进城。一时，西安城内警戒森严、气氛紧张，如临大敌。

27日清晨，各校学生列队上街游行，一场驱逐与反驱逐，抗日救亡与卖国投降的大搏斗，在西安古城全面展开。"驱逐戴季陶！""打倒投降派！""把日本帝国主义赶出中国去！""反对攘外必先安内的政策！"等口号响彻西安各校校园和大街小巷。西安高中、中山中学的学生队伍，首先冲破荷枪实弹全副武装的反动军警的包围和阻拦，冲出校门，浩浩荡荡，高呼口号，向北大街公共体育场进发。中山中学的游行队伍听说附近女师学生仍被反动军警阻拦在校内，便前往增援，行进至北大街王家巷一带，被一群全副武装的军警殴打、鸣枪恫吓，当场不少学生被打伤，有的被逮捕。为了扩大影响，省委于4月28日决定派出代表奔赴北京、天津、上海、洛阳、南京、武汉等地，并和我省有中等学校的三原、凤翔、汉中等地联系，把爱国学生运动推向全国。

《西安"四二六事件"纪实》

❖ 聂景德：西安学生抗日救亡"宣言"和"请愿书"

1935年12月9日，北平学生掀起了震惊中外的抗日救亡运动。消息很快传到西安。西安各校学生热烈响应，举行了声势浩大的集会、游行和请愿，发表宣言，散发传单，声援北平同学的爱国运动。12月25日，西安学生四五千人，在西安二中大操场集会后即到梁府街（现在的青年路）教育厅请愿，又经钟楼、鼓楼到北院门省政府请愿。沿途散发宣言，张贴标语，高呼口号，情绪激昂。记得当时的口号是：保全国土完整，反对冀东伪组织，铲除汉奸，释放北平被捕学生，抚恤北平受伤学生，保护爱国运动。在我手边还保存着当时请愿书和宣言的原文。

请愿书的内容是："为请愿事，窃维国事阽危，千钧一发，宵小媚外，引狼入室。假借自治名义，割裂国土；摧残爱国运动，喋血旧京。北平学生激于义愤，奔走呼号，登高一呼，各方响应。谁非国民，孰不爱国！生等谊属同舟，誓为后盾。敢陈刍荛，伏祈采择。（一）请中央转饬平市当局，释放被捕学生，并抚恤受伤学生；（二）请派教职员、学生代表赴京；（三）请求政府严惩叛逆；（四）请求政府寸土不能让人；（五）请求宋委员长哲元彻底铲除汉奸，保护爱国运动；（六）中央加紧青年特殊训练，以备防御外侮。如荷我公坚决主持，一致力争，则国家幸甚，民族幸甚！"

宣言的原文是："中国不幸，妖孽横生，溥仪而后，又有殷汝耕，窃括疆土，奉献寇仇，以作卖身投靠之进见礼。此而不除，则鬼蜮之后，今日假名自治，明日倡言独立，使祖宗留给吾人赖以生存之土地，块块割裂为外人牧马之场，山河虽在，岂有中华民族葬尸之所者？为是我政府明令申讨于前，我北平同学奔走呼号于后。凡兹义举，当为有血之伦所共赴。而北平市爱国运动竟横遭压制，且有多数同学被捕受伤，吾人闻此，百感交集，惊惶羞痛，不知今日之人间为何世也。我西安全体同学前因此事曾电呈中国国民党中常会、中政会、国民政府行政院及冀察政委会宋委员长陈述主张，并作广为宣传，务期唤起各界民众同作政府后盾，以贯彻除奸救国之宏愿。兹复提出具体要求，郑重宣言，望我同胞鉴其热忱，联袂共举，拥护政府，诛讨叛逆，在分割中求统一，垂毙中求生存：（一）请中央立饬平市当局释放被捕同学，抚恤受伤同学；（二）请中央严惩叛逆，铲除一切伪组织；（三）请中央力保国土完整，不得以尺寸让人；（四）请中央令饬宋委员长哲元彻底肃清汉奸组织，并保证爱国运动；（五）请中央加紧青年特殊训练，以备防御外侮；（六）恳请当地政府准本省教职员学生代表赴京请愿。西安市各中等学校全体学生同叩。"

这次请愿游行吓坏了国民党反动当局，他们耍了个阴谋，偷偷通知各个学校："寒假之前，免于考试……提前放假。"在广大人民面前，他们的反动面目暴露无遗。

《西安事变前后的西安学生运动》

❖ 胡景儒：轰轰烈烈的"非基"运动

1927年9月，团省委指示：要领导学生进行反对基督教的运动，在斗争中团结进步学生，扩大革命影响。由革命学生联合会通知各校学委会于此年的圣诞节那一日，在北大街体育场整队集合。开会时，学生联合会的负责同志讲了话。他们揭露了基督教的黑暗，并指出帝国主义利用宗教作为侵略中国的前驱，宗教是文化侵略的一种方式。会后整队游行，高呼口号。记得那次游行队伍是由北大街体育场到钟楼，转向西大街经土地庙什字教会的南堂门前。沿途，同学们情绪激昂多次蜂拥上前，要捣毁布道所和教堂。幸亏我们学生联合会的同志都在队伍前面紧紧地拦阻。男委员挡不住了由我们女委员挡。因为男同学不好和女同学挤，就后退了。然后，队伍出了西门到西关教堂去示威。天色将晚，才整队转回学联门口，高呼打倒伪学联拥护革命学联的口号，然后解散。会后还通知各校于第三天上午仍在体育场集合，继续声讨基督教的罪行。

学生们搞示威游行，震动了反动派，他们害怕学生再出动，便指示教育厅连夜通知各校，于次日上午提前举行期中考试，企图用这样的办法来转移学生的注意力，分化学生的阵营，打乱游行计划。女师的教务主任，晚上把这消息告诉了我，我说："明早全市学生要开大会，这样做明明是故意破坏学生集会。"他说："这是上级命令，学校不能不听，明早八时至九时半考试，考毕可以赶去开会。"我一看，没法更改，就提出希望学校保证我们能按时出校。他答应了我的要求。次日早晨我草草地答完试卷，9时半吹哨集合。女同学对分数都非常重视，迟迟不肯出考场，除过党团员外，再无人来。把我急得都哭了，姬主任才帮助我到教室叫人。好不容易把队伍集合好带出校门到了北大街，远远地看见体育场门外拥了一大堆人。临近一看，才知道是许多警察挡住了西师的学生队伍，不准他们进场。而二中的同学已进了会场。我们和西师带队的同学商量了一下准备两校南北夹攻冲进场内。那时的警察还不敢拉扯女同学，我们就利用这一点封建思想，让女师的党团员和学生会的委员站在队伍前边，同学们拉得紧紧的，一齐向警察冲去，果然我们女师的队伍冲进场内，但是西师的队伍还被挡在门外。第一职业学校的队伍来到场外时，也是不得进来。街上的人越聚越多，场内场外高呼口号，相持两个多小时，警察人数也是越增越多，用短棒驱打同学和群众。将近午饭时游行不成了。我们几个学校的负责人商量了一下，决定暂停游行，各回各校。但是要注意各校队伍不能解散。要排整齐队伍，高举手中小旗，唱着"打倒列强，除军阀……"的战歌，雄赳赳步伐整齐地回到了自己的学校。下午，学校继续进行考试。

《参加女师学生运动的片段回忆》

❖ 弓矢石：西安学联追悼鲁迅先生

1936年10月19日，鲁迅先生在上海逝世，噩耗传来，西安文化界、教育界人士异常哀痛。西安学生联合会即时商讨开追悼会，决定于10月24日上午在革命公园举行。约在当日上午10时，西安高中、西安师范、西安一中、二中等校同学先到会场，后来的学校被军警阻止于会场外面。当时警察包围了会场，同学们都坐在地上等着开会。

会场设在公园广场，讲台上边挂了"追悼鲁迅先生大会"横额，两边挂了一些挽联。主持会的同学还未上台。不一会儿，只见一个身穿长袍马褂的人出现在主席台上，据说此人是当时国民党陕西省党部头头彭震寰。他说："同学们，你们追悼鲁迅先生的心意很好，但是方式不对，也不能在这里开会，还是回去上课去吧。"他还大喊道："你们在这里随便开会，影响治安。"同学们听到这话非常气愤，立即高呼口号："谁阻挡我们开会就打倒谁！"继喊："鲁迅先生精神不死！"后来学联代表上去和他交涉，他坚持不让开会，学生又高呼口号："纪念鲁迅无罪！"喊声稍停，他就喊道："会是不能开的！""我是打不倒的！"学生接着又喊口号，他这时不再吭声了，只是坐在台上怒目而视。坚持了半小时，公安局长马子超赶来了，他上台后，狡黠地说："同学们追悼鲁先生——"学生们没等他说完这句话就都鄙夷地笑起来，一齐高喊："鲁迅不姓鲁，你这个啥都不懂的局长先生赶快下去吧！"有的还喊道："你不配给我们讲话，回家去抱娃吧！"有的还大喊："超先生回去吧！""子先生回去吧！"这时，戏谑声、怒骂声、嗤笑声把这位局长大人弄得脸色红一阵白一阵下不了台。接着他给手下的人说了些什么就灰溜溜地走了。这时那位彭大头也不见了。广场上学生骚乱了一阵，学联的召集人向大家说："他们不叫我们在这里开会，我们改在后面礼堂内开，因为礼堂小，现决定由各校学生代表和学联负责同学参加，希望大家谅解。"但各校同学还不愿离去，后来有人提议："他们不叫我们在这里开会，我们到北大街二中大操场去开吧。"约有四五百同学奔赴二中去。

▷ 西安学联的游行队伍

大家到了二中操场后，那些警察也跟着来了。这时由西高救国会宣传组的黄云兴和那个带队的警官交涉："在这里不影响什么社会秩序，保证不出其他事情"，他才答应只给半个小时。遂即叫那些警察包围了大操场，在二中的木架讲台周围也布置了四个警察。由黄云兴主持开会，赵全璧司仪，在默悼后由西高二五级毕业生刘长菁致悼词，讲完后宣布散会。这一纪念鲁迅先生逝世的大会就这样举行了。

《回忆西安学联追悼鲁迅先生的情况》

❖ 刘国生：震惊中外的西安事变

1931年日本帝国主义发动了九一八事变，强行侵占我国的东北三省。直至1936年冬，蒋介石在日本帝国主义侵略不断扩大、国难日益深重的形势下，继续坚持"攘外必先安内"的错误政策，强迫张学良、杨虎城两将军率东北军、十七路军大举进攻陕北红军。张、杨两将军激于爱国义愤，于1936年12月12日在西安举行"兵谏"，扣留了蒋介石，并通电全国提出八项政治主张，要求停止内战，一致抗日。这就是震惊中外的西安事变。西安事变发生后，经过张、杨两将军和中国共产党的代表团与南京方面宋子文、宋美龄的谈判，促使蒋介石接受了团结抗日的要求，西安事变得到和平解决，从而结束了十年内战，促成了第二次国共合作，为举行全民族抗战奠定了政治基础。

《西安事变简介》

▷ 西安事变前的张学良（左）和杨虎城（右）

▷ 《西北文化日报》关于西安事变的报道

❖ 黄云兴：1936年万人空巷的西安市民大会

为了扩大宣传西安事变真相，使张、杨"八项主张"家喻户晓，"西救会"（西北各界救国联合会）于事变第二天下午在西安高中理化教室召集了20多个救亡团体的代表商讨召开西安市民大会事宜。由上海回西安的电影界知名人士周伯勋主持会议，杨明轩先生向与会代表讲解召开市民大会的重大意义，遂即推举"西救会"、市学联会、文化界协会、文化周刊社、陕西援绥战地服务团、西京中等学校教职员联合会、东北大学校友会、东北民众救亡会、东北义勇军眷属代表团等九个团体负责筹备。

筹备会受命后，即时研究决定12月16日在革命公园广场（现西安市体育场）召开市民大会，由"西救会"、西安学联、东北民众救亡会以及军、商界和妇女代表组成主席团。设立宣传部，由筹备会印发"宣传大纲"，各团体印刷宣传资料、传单，同时组织纠察队伍维持大会秩序。

▷ 西安市民大会会场

12月16日上午10时，300多个团体十万多群众从四面八方奔赴会场，很多工人、农民肩扛大刀、铁叉、长矛进入会场。当时万旗摇动，万臂高举，口号声震天动地。"西救"宋绮云主持大会，杨明轩报告召开大会意义，接着敦请张、杨二将军讲话，这时群情更为激昂，高呼"拥护八项主张""立即停止内战，一致抗日""打倒日本帝国主义！"群众的呼啸多次中止了两位将军的讲话。接着由进步人士、工、农、妇女代表讲演，一致拥护事变义举。会后进行了声势浩大的示威游行。

这次大会，真是万人空巷，盛大空前，前所未见。慷慨激昂的呼啸，充分表现了西安人民反对内战要求抗日的爱国激情。

《西安事变片断记实》

❖ 何寓础："教盟"的成立

"双十二"事变发生后，张学良、杨虎城取消了所谓"西北剿匪总部"，成立了以张、杨为首的抗日联军西北临时军事委员会。这时，由国民党政府任命，以邵力子为主席的陕西省政府已经瓦解，重新成立陕西省政府。前教育厅长CC分子周学昌逃跑（后随汪逆精卫当了汉奸），由李寿亭任厅长。在活动停止、人作鸟兽散的国民党陕西省党部原址上，设立陕西民众运动指导委员会，由王炳南、潘自力、方仲如、苏资深、宋黎等参加组成。

关于陕西教育工作这时应以抗日救国为中心，并需在教育界成立一个团体，将比较进步的分子组织起来，作为实施国难教育的中坚力量的意见，是由杨明轩提出，首先得到李寿亭的赞同。杨明轩即向中共在西安的地下组织一负责人正式提出，得到同意并答应予以大力支持。陕西教育界建立抗日组织——教盟这一工作，就由杨明轩、李寿亭分别告知崔仲远、冯一航、何寓础、杨可均、张耀斗等，积极进行筹备。当时，要抓紧做的是起草一个组织章程，准备召开成立大会，研究并通知一些教育工作者参加大会，并且必须注意有东北籍的人参加，等等。

1937年1月的一天晚上，教盟的成立大会在西安通济坊西头，东北军所属某一单位内举行，出席约40人。会议由杨明轩主持，说明开会意义，并由李寿亭讲话，然后，就逐条宣读、修改通过了由冯一航、何寓础、杨可均起草的组织大纲。确定组织名称为：西北教育界抗日救国大同盟；宗旨为："团结西北抗日救国教育工作人员，实施国难教育，完成中华民族之自由独立"；组织系统为：总同盟（以下简称总盟）——省同盟（特别分盟）——县（市）同盟（特别分部）——分部——小组。此外，对组织方式、盟员条件、入盟手续、纪律、盟费、会期等，都作了规定；特别是列有十项信条，如"我们要联合前进的教育工作者推行国难教育"，"我们要团结革命的教育工作者参加民族抗日阵线"，"我们要使教育成为民族解放斗争的武器"，"我们要使教育机关成为传授大众救亡知能的场所"等，从中可以看出当时参加教盟的人的一些认识和信念。最后是选举，记得杨明轩、李寿亭、车向忱（东北籍）、冯一航、武伯纶、何寓础、张耀斗等十余人当选为总盟第一届执行委员。从此，在"双十二"事变后，陕西教育界一个进步的秘密团体，也是中共在西安的地下组织的一个外围组织——教盟，就正式成立了。

《西北教育界抗日救国大同盟的成立和活动》

❖ **聂景德：**西安学生开展救亡运动

纪念"一二·九"一周年游行请愿之后的第三天，就爆发了震惊中外的西安事变。13日下午，西安学联在西安高中召开了第六次代表大会，14个分会的30多名代表参加了这次会议。会议的中心议题是：讨论、组织各县学生救国会，回县开展抗日救亡活动问题。经过多年的斗争，西安的学生们逐渐认识到在当时的革命运动中，学生们的宣传活动，只能起号角作用，而抗日救亡的伟大任务，光凭学生的力量是不行的，必须深入群众，把广大群众动员起来，迎接抗日高潮的到来。于是，学联根据党的决定，号召在西安上学的外县学生积极行动起来，回县组织学生救国会，到各地去开展抗日救亡活动。代表们热烈响应学联的号召，纷纷组成回乡学生救国会，待命出发。12月16日西安举行空前规模的群众大会，热烈庆祝西安事变。大会由杨明轩同志主持，杨虎城、孙铭九和华侨代表江隆基同志在会上讲了话。

大会之后，各县回乡学生救国会就分头出发了。我当时参加了高陵县学生救国会的回乡活动，先后达两个多月，并在这期间参加了党组织，成为一名光荣的中国共产党党员。党所领导的各种群众团体公开活动，革命的抗日教育在各校普遍展开。西安事变后，党的组织有了迅速发展。党所领导的其他群众团体，如西北青年文艺工作者协会、新文字促进会、世界语学会、西北各界救国会、妇女慰劳会、中等学校教职员联合会等，也都公开活动了。地下党组织恢复发展并且半公开地活动了。各大、中学校多建立了党支部，在省委西安学生工作委员会的统一领导下，更加有组织、有领导地开展救亡活动。1936—1938年，这一阶段西安各校的教学工作也有所改进，争取到部分的抗日教育，改变了过去死读书的沉闷局面。上大课、上政治课，讲马列主义、讲唯物主义、讲农民运动、讲统一战线、讲抗日救国等。有人还专门编印《抗战文选》，非常流行。那时国民党的教育厅厅长周伯敏看到这种情况，非常不满，曾大骂说："讲什么农民运动，是讲农民暴动！"但也无可奈何。当时，我们党中央、红军的一些领导同志，路过西安时，都要给学生讲话，做报告，我记得林祖涵（林伯渠）同志、冯文彬同志、艾思奇同志都给西安学生讲过话。彭德怀同志在西师大操场给学生作过大报告。1937—1938年，学生下乡宣传得更多了，宣传形式也多样化了，活动规模越来越大，活动范围越来越广了。

《西安事变前后的西安学生运动》

❖ **陈群英：** 赵登云义务建造防空洞

　　抗日战争期间，日本飞机常常轰炸西安，西安当局亦建有防空设施。但防空洞的承建，另是一条门路，谁向主管工程部门行贿最多，谁就能包到工程。层层承包，层层剥皮，到最后实际承建者手中，如按工程规定建筑，已无利可图，只有偷工减料，粗制滥造。官方验收，也以行贿了事。这样的防空洞，只能作夏季乘凉，还不够保险，哪能经得炸弹的轰击。因而不少防空洞，虽未被炸弹击中，却被投在附近的炸弹震塌，不少人因此丧生。大家疑惑防空洞已不可靠，在警报响后，群众争先恐后向郊外奔逃，可是要向四郊避难，必须离城区3里以外，方较安全，加上城区的路程，单程需跑七八里，来回总需走十四五里。年轻人尚无问题，老弱实难承受。我父赵登云观察研究结果，认为西安城墙，可以利用防空。西安城墙，周围约40里，不但厚高各近4丈，而且非常坚固，如按计划在城墙内建成防空洞，可容10多万人躲避空袭。不但费用低廉，而且能够保证安全。父亲曾向当局提出建议，官方以财政困难、无法实施为借口，而搁置下来。我父首先按自己设想，自费在开通巷南口外之城墙下部中间，建成防空洞，长200余米，两头各有出入门户。由门户进入城墙中部，即向左右扩展，通道宽一米，每隔五六米，建一个3米多宽的防空室，南北各有通气孔，以铁纱封口，每个防空室，可容20余人，总计可容七八百人避难。门户平时上锁，以防有人当厕所用。我家原住五味什字18号，为了防空和为群众服务，特搬到兴龙巷32号住宿，在防空洞对面，一有警报，即开洞门，让附近群众进内避难（虽系私人建筑，从未向群众索取分文），我们全家亦进入防空洞。每次躲避人数，均超出计划，不但防空室挤满了人，通道上人亦站满。每次防空之后，洞内即脏乱不堪，小孩屎尿，有时亦有大人屎尿（虽备有厕所，因人挤满，无法通过），破纸烂物、果类皮核等到处都是，垃圾不少，我们只好自己打扫，直坚持到抗战胜利，才拆掉门窗，以土坯泥沙封闭洞口。

《赵登云义务建造防空洞》

❖ 聂景德：学生积极救护抗战伤员

抗日战争爆发后，抗日战场上大批伤员不断由陇海路运到西安。国民党反动当局对伤员救护工作，漠不关心。车站无奈，经常打电话给学联、救国会，向学生求援。学生们出于抗日救国的热情和民族义愤，常常在半夜三更跑到车站去救护。我也多次领导和参加了这种活动。记得有一次车站打电话给西安二中救国会，要求支援，二中救国会党团书记白宗信同志立即组织二中学生把伤员抬到东关中南火柴厂加以安置。学生们对国民党反动当局不管伤员的事非常气愤。西安二中学生在另一次救护活动中，把伤员从车站直接抬到国民党省党部办公室，以示抗议，弄得国民党反动派非常尴尬。

《西安事变前后的西安学生运动》

❖ 陈元方：迎接西安解放

1949年初，西安解放前夕，中共西北局根据革命形势的发展，对西安解放后的组织人事工作作了安排，准备了三套领导班子，即西安市军事管制委员会、西安市人民政府、中共西安市委，领导班子由西北局定。

5月20日，西安解放。5月25日，我和马明方从初解放的三原来到西安。当时，西安市一切工作由军管会负责。军管会主任是贺龙同志，副主任是贾拓夫、甘泗琪、赵寿山等。在西安解放初期，军管会主要任务是接收政府机关、工厂、学校，派驻军代表了解各部门人事情况和管理、保护档案。

▷ 西安市民庆祝西安解放的热烈场面

军管会在开展接管工作的同时，迅速到工厂组织工人恢复生产，恢复供应。对和人民群众关系密切的有关工厂如发电厂、大华纱厂、中南火柴厂、成丰、华峰粉厂等给予资金、原料上的优先，无原料的组织原料，无资金的设法给他们贷款，千方百计让工厂开工，稳定市面，稳定人心。

进城后，另一个中心工作就是抓治安。成立了西安市公安局，局长由副市长方仲如兼，副局长是王超北、吴伯畅。公安局首先抓了当时隐藏的特务、反革命分子，维护社会秩序，保证人民和革命干部的生命财产安全。

1949年，革命形势的发展如火如荼，解放军在全国各个战场上都给国民党军队以沉重打击。盘踞经营西安的"西北王"胡宗南未及和解放军交火，闻风而逃。因此，西安解放时，城内的一部分特务潜伏下来，暗藏的敌人很多。又因为我们占领西安后，兵力单薄，胡马匪徒反扑咸阳，一些跑到宝鸡、秦岭的特务又潜回西安，伺机窃取情报，搞破坏暗杀活动。西安市公安局成立后坚决打击和镇压了一批特务、反革命，稳定了社会安全，安定了人心。

《西安市解放初期的接管工作》

第四辑

大大小小都是买卖·
老城千奇百怪的生意场

❖ 肖小军：西安最早的机械工业

在碑林区东县门西安市八中校址上，清同治八年（1869）洋务运动首倡者左宗棠出任陕甘总督，率领三湘子弟兵进军西北时，为修理、补充所部枪炮，从北洋运来一批机器和器材到西安，安装在这个地方，名为"西安机器局"，这是古都西安最早的机械工业。同治十一年（1872）左宗棠进军新疆，把西安机器迁往兰州。

光绪初年，陕西当局在东县门西安机器局原址上，购置机器，成立了西安军装局，适应地方武装力量的需要。光绪二十四年（1898）由东县门迁至城内西南角、南马道巷，为了靠近火药局，修理、装配武器，取材方便，合并了两局，又增添了设备，易名"陕西机器局"。

设在东县门的军装局仍然存在，把修理机械的机器运走后，成为储存军火武器的仓库，这是全陕军械的总库，四周筑有城墙，驻有重兵守卫。

宣统三年（1911）10月22日（农历九月初一），陕西响应武昌起义，驻在西关外大营盘的新军由西门、南门两路进城，首先占领了军装局。当时这儿藏有步枪三四千支，弹药无数，因而武装了起义军，并以军装局为秦陇复汉军司令部，指挥起义军迅速占领了城内各衙署和军事据点，接着从西面、南面进攻满城。24日下午全城光复，当即接管了陕西机器局作为起义军武器弹药及修理枪炮的场所。这就给光复全陕做出了有益的支助。

《西安最早的机械工业——西安机器局》

❖ 马德宏：古玩业轶事

从清代起，西安回民中已出现经营古玩的行业。其中有开古董铺的，有跑街的（掮客），有长途贩运的（京沪），也有在乡下寻求收购的。他们中虽文化程度参差不齐，但通过长期的实践，都具有一定的辨认古董的能力。

在辨认古董方面，他们并不完全依靠书本知识，主要靠长期接触实际积累的经验。如每个朝代器物的造型、花纹，代表各个朝代的风格。像宋瓷，从釉色、瓷质、工艺水平来看都较元瓷为优，还易辨认。但对究竟是宋瓷十大窑（柴、汝、文、官、哥、定、钧等）哪一个窑的产品，就非得有多年经验才能确定。因此，他们的认货眼力如何，就成了第一要事。有一位在古董行业被人誉为"瓷圣"的老先生，对瓷器的理论说得头头是道，但一接触实际往往真假难辨，可见不断实践是多么重要。

古董行过去也有个别人发财致富的。光绪年间，回民最早在北院门鼓楼北开古董铺的苏兆年、苏兆祥兄弟二人，一天在西安鼓楼南一条很窄狭、人称砖头缝（即现在鼓楼南巷）的小巷内，看见一家炉院（搞冶炼的）院子内放着一个铜鼎，鼎上有铭文。苏就问炉匠准备将铜鼎咋办，炉匠说准备化铜打成门扣。苏氏兄弟接着问打成门扣能卖多少钱？答可以卖30两银子。苏氏兄弟二话没说出了30两银子将铜鼎买回。鼎拿回后，苏氏兄弟即给北京京官陈官俊的儿子陈介祺写信告知此事，陈接信后即汇来白银100两，以50两作为货款，50两作为运费，由苏氏兄弟雇了一辆轿车，专程将铜鼎送到北京。陈介祺见到后视为至宝，将铜鼎锁在一间房内，不准任何人拓印拓片。陈给了苏氏兄弟1000两银子作为报酬。苏氏兄弟回到西安后即用这笔巨款购置了房产，就洗手不干了。这个鼎就是举世闻名的毛公鼎

（按：毛公鼎内有铭文300多字，距今已有3000多年历史）。此鼎后由陈介祺转手以5万银元卖出，后又有姓文的以20万元的高价转买。据说仅毛公鼎的一张拓片，后来可以卖到30两银子。

在民国10年前后，回民马德俊下乡收货，忽见一家井台上放着一个钧窑挂红宋瓷碗，是当地农民给鸽子饮水用的，马见到后为之一惊。开始咋说主人都不卖，说是先人留下的，经过几番周折，终将碗买回，转手卖了1000多银元，从此也再不干古董行了。这是回民从事古董行业流传比较突出的两件轶事。

《西安回民古玩业史话》

❖ 叶启贤：当铺的生财之道

当铺的设立，原是为了在人们经济生活发生临时困难，以衣物作抵押借得现金，借以度过一时之急，但投资开当铺者为了保证本身利益不受损失，除了规定较高利率（一般是月息三分），对当物的估值，也从当物到期不赎能否容易保值出手考虑，不能作价过高（一般按实值三分之一，或四分之一作当价）。如所当物品价值300元按三分之一作价，只能当款100元，按每月3分计息，1个月的利息就是3元。1年利息36元，如当期3年利息就是106元，如到期不赎，叫做出当（就是当物归当铺），按所当物拍卖300元，除去当价100元外还余200元，以这样计算，3年当铺可获利百分之二百，如到期当主赎回原物，当铺仍可获利息108元，超过原当款100元的一倍多。从1930年前西安的情况看，由于1926年的西安围城和1929年的陕西大旱成灾，穷苦人民为了度过战乱和灾荒，求得活命，不得不将家中存物送进当铺借得现金购买食物，因此当时的当铺业务非常活跃。以后虽战乱平息，荒年已过，但因不少当主逃亡外乡就食不归，或因饥饿毙命，很少有人赎取当物，这样就使当铺发了财。另外当铺的周转资金除本身自有者外，还得依靠银钱业作为后盾，他们与银钱业关系密切，业务上互相利用，借款与存款利息均很低微，当铺向银钱业借款利息最多不超过三厘，当铺把低息借来之款，以三分高利贷给当主，而银钱业则以低息收进当铺的存款再转以高息贷给其他工商业户，这样互相利用，各得厚利。

典当业为了获取巨额利润，除在经营上采取以上办法外，为了防止蒙受损失，还必须配备有能够识别珠宝玉器、金银首饰、珍贵皮裘、古董字画真伪的营业人员，以鉴定物品的成色、真假和价值，达到保证有利可图的目的，否则就会遭受弄虚作假之辈对当铺进行诓骗。

《旧西安的典当业》

❖ 剧位亭：药房的经营管理

由于资金多少、范围大小和经营者水平等的不同，反映到经营管理上也出现了多种多样的方法，有的是多财善贾，有的是小而能精，各有技巧，各有千秋。

按药房的范围，可分为大、中、小三个类型。抗战以前，物价一般来说，虽有涨有落，但比较稳定。到抗战后期，在法币贬值，物价急剧上涨的情况下，有一些老的药房如永兴、世界、广济等药房，生意做得比较稳。所谓"稳"，就是要保住货物的数量，避免钱多货少，虚盈实亏。售出的货，随时想法补充进来，这样虽无大的利可获，却能维持原状。有的生意做得活。所谓"活"，就是勤进快销，多中取利，凭着经理人的才干能力、信息灵通和经销代销等办法，把业务发展起来。如兴中药房资金不大，1940年开业后，不数年间，发展成为西安市有名的一家药房，他们积极组织货源，把一些畅销药物购运进来，如早发大安片，他们最早销售，加以大登广告，招徕远近顾客。销售的对象主要是医院药房，户多售量大；同时，还采取代销方法，把货物寄往外地，扩大销路；内部设有函售部和配方部，外地顾主购货时，将款汇来，即可通过邮局将药寄去，差不多每天都有不同数量的邮包寄往外地；另设日夜配方部，当时大夫因工资有限，差不多都在家看病或开诊所。他们与大夫联系结合起来，承接处方业务，扩大经营；另外还设有经销部，经销国内名牌成药，如云南曲焕章的白药，贵州遵义的小儿化风丹，上海天平药厂的胃去病，天津伟迪氏的娃娃宁、镇痛片等成药。由于生意做得比较规矩，有信用，所以很快发展起来。又如万国药房也是采取这样的经营方法，加之他们几个负责人又都是从事药房买卖多年，人事行情所以也很活跃，与兴中并驾齐驱；还有惠东药房，是从山东分设来的，因销售"六〇六""九一四"等药而闻名，连他的总支两店的电话，也是选用606、914号码，一时脍炙人口。

一般中等药房，有的以批发为主，把货物购运进来，待机出售赚取利润；有的以门市部销售为主，自己也从外埠采购，掌握行情抛售。当时还有投标方式，如陇海铁路局医院购货时采取招标方式定出标底，谁的标低，谁就得标。由于数量较大，参加投标的多是大中户。

范围小的药房有夫妻店，也有雇佣一两个学徒或店员的，这样的药房，约占总数的百分之三十，多设在解放路和其他比较偏僻的街道，他们经营的多是一些成药，门市销售不设调剂生。有的顾客要的药物，如他们没有时，随时转自别家，从中赚取差价；小药房也有兼做其他生意的，如张记药房设在社会路，经售一些成药，因社会路是纸烟吞吐交易的市场，纸烟又是物价膨胀时囤积的主要货品，他也乘机就近搞些纸烟买卖，由小变大，发展得很快；有的重视宣传，如解放路大明药房，原是个小药房，他仿照天津娃娃宁、上海鹏鸪菜的办法，制作一种"小儿宝"的成药，利用报上的广告和精美的印刷品，大事宣传，本市外地销售很广，从而获得不少利润。

1924年以前陕西鸦片泛滥，吸食者甚众，后来禁止吸食鸦片。李子舟开设的西北药房（前身是西北医院），为了配合鸦片吸食者戒除的需要，制作一种戒烟药——慈渡丸，大受戒烟者的欢迎，销售很广，对戒除鸦片烟瘾，起了一些积极有益的作用。销售西药，也有招祸的危险，抗战时期，国民党对陕甘宁边区搞经济封锁，不少西药房，因卖给八路军药品被特务发觉，不是受到警告，就是借故刁难，甚至把人抓起来。记得德兴药房的负责人，就曾被他们扣押过。还有一次要抓广济药房的人，经理躲藏很长时间不敢露面，后来托人说情才算了事。

西药除上述经营方法外，也有假冒和危害人民健康的行为。如早发大安片，是一种消炎药，用途很广，但有个别家用低价的"首天浊片"（也是一种消炎药品，形状和大安片相似）冒充大安片卖给群众骗人钱财。更严重的是有几种原料药品，如醋酸巴比通、咖啡因、非纳西丁、普鲁卡因等，本是配制药品的原料药，竟有个别人，把这类药高价出售，提供制造毒品的原料，牟取非法暴利，危害人民健康。记得在西安解放前的一段时期，毒品泛滥，这也是原因之一。这种不良现象，只有在解放后才得到彻底消除。

《解放前西安市西药业简介》

▷　街旁的药房

❖ 仇志林：山货业的兴起

西安市原山货业的会员，大部分集中在西安东关南大街和东西板坊、大新巷等处；另有一部分设在南关正街。两处会员在全盛时期，共有百十户，平时也在七八十户。山货业同业公会地址设在东关南大街中段。所以称为山货业，是因商人们经营秦岭和大巴山中的一切土特产品而得名。

山货业的兴起，也是由无到有，由小到大，随着社会发展壮大起来的。据传，远在清朝中叶，东关南大街中段就有陈家、任家、梁家三家面店，是卖各种熟食的。这块地方就是山货业最初的发源地。清朝同治年间，任家面店门外人行道上，有一个又大又厚的石头碾盘子，南山里那些肩挑负贩的辛勤劳动者，出售他们的土产货，习惯了放在碾盘子上歇脚等买主。有些热门货一到就可卖掉，他们就买些食盐、土布、羊毛袜子等日用品背了回去。有时因货冷三五天卖不出去，他们就吃住在碾盘子附近的店里，等货卖了才清算店家的店资和饭钱。他们觉得主客两便，都有好处。后来山里的财主们发现了这项买卖，雇用挑夫运货，自己坐上滑竿出山，长期住在西安店子里，做来回买卖。这就从碾盘子上的交易，转移到店铺里去了。在这样发展中，生产与消费经常出现供不应求或供过于求的失调现象。买主卖客很不容易掌握规律。什么地方、什么季节、什么货物是畅销、是滞销，价格看涨看落，这种错综复杂的关系，只有店家掌握摸索得比较清楚。他们就成为拉拢买卖双方，从中说合的经纪人。同时也帮助双方解决经济运转不灵的暂时困难。当然，他们也从中得到多少不等的酬劳（佣金）。就在这碾盘子附近地方，经过成年累月的不断发展和逐渐演变，由当初的买卖双方直接交易，进而成为众商云集的繁荣市场，从而西安南关也同样如此兴旺起来。

生意越做越大，家数越来越多，所获利润就有薄有厚，同业竞争的现象也越来越烈。树大招风，引出了清政府的严重派捐摊物之外，他们视山货为一般牲畜，经纪人一样要领取牙帖，否则不准营业，为此每月增加了一道牙帖金。为了生存，只好忍气吞声挣扎过活。据说在光绪年间西太后逃难来西安时，山货业里的头面人物，征集了不少名贵商品，人参、燕窝、鹿茸、麝香、银耳、枸杞等山珍海味，借进贡为名祈求减轻赋税，并未收到任何效果。足以说明当时款项之重，使人实难忍受。另外可考证山货业的历史确实由来已久。1926年军阀刘镇华以号称十万之兵力，围攻西安城历时八个月之久，西安人民协助杨虎城将军坚守到底。山货业会员把店里所存，凡是可食之物全部交出作为口粮。同年10月，西安解围，交通恢复，货物运入运出，畅通无阻，山货业又有了新的发展。根据需要，东南两关都推选出自己的所头（即行业的领导），南关是袁蒋山，东关是魏子富，此人办事公道，得到群众信任。他提倡派人外出，寻找货源。居间介绍与自买自卖行店可以兼营。他又交涉改变了开业时领牙帖的办法，而代之以营业证书。在他领导下，制订了佣金制度，卖方扣三分三厘，买方外加一分一厘，从而避免了很多不必要的争议和纠纷。

到1930年前后西安学生运动兴起，宣传讲演"提倡国货、抵制日货"等口号，山货业中的爱国人士也拒销外货，只卖土产国货，但也有些人仍旧贩卖洋货以图私利，良莠不齐。

《西安市山货业简史》

❖ 仇志林：山货业行号的组织

山货业中行号的形成，滥觞于清朝中叶。到清朝末年，已经比较明显的有了组织形式，但远不能适应日趋繁荣的商业交易。辛亥革命后，随着政体的改革，风气的转移，山货业在经营管理上有了新的变化。首先明确了东伙关系，提倡信义立业，"管鲍遗风""异姓同乐""满招损，谦受益"等格言，成为山货业中众所遵守的楷模。

当时开设一家山货行，大者需资金万儿八千，中小者则三五千。他们所经营的业务，不论何种土特产品，均与农民的劳动、天气的旱涝、季节的变化、运输的畅塞发生密切关系。因此他们最爱打听这类消息，谈论这类问题。善于经营的一些老前辈更喜欢想方设法，如顶生意、加工资、安排家务等方法，鼓励伙友们对商店效忠心。他们大谈"天时""地利""人和"，尤其注意人才的选拔和培植。事实证明，如有三五得力人员，必能创出奇迹。德昌公、瑞丰德、和盛店都是由几千元资金发展为几十万元的规模。山货店的经济性质，有独资经营，连东代掌；有合伙开设，推举经理；也有聘请经理主持号事等形式。在副经理之下，有先生（会计）、大把式（高级店员）、半茬（中级店员）、相公（学徒），多者达三五十人，少者亦不下十人。

他们把分红利叫"破账"，专立一本价值很高的红皮万金账。结账期有的两年，有的三年不等，顶生意的人，就是进了万金账的人，经理也不能随便解雇他。他本人与商店的利害连在一起了，他就会为号事尽心竭力。"破红"的比率最早是银六人四，后来改成银人各半。提成的标准，由东伙加说话人议定，破七留三成、破六余四成，为了扩大再生产不能全部分完。已经分到个人名下的红利，也不是一次取完。存在账上名曰"护身金"和"护本金"。余下的三成或四成红利就成了公积金。

对一般把式、相公来说，也是只有账期才能得一些奖赏。另外对他们报酬实行的是年薪制，当时叫身钱。大把式可赚七八十元，中等三五十元，半茬和相公几元、十几元。这种情况一直延续到解放前。

行店里的制度是非常严格的。他们常常强调说：国有国法，家有家法，号有号规。功过分明，有赏有罚。对有功绩者口头表扬，提高身钱或顶生意，写进万金账。有大功者则破格提升。

他们还有许多戒律：什么"不准吃官饭，放私骆驼"；"不准夜不归营"；"不准私带家眷"；"不准以下抵上"。他们的阶层也很认真，凡早一天进号的就是张大、王大；迟来一天就叫李相、赵相；对经理、成年长者称呼师傅。

东伙有了争议，账期协商；同仁有了意见，年终说话；会计、相公有了问题随时解决。就是开销（解雇），当时也叫"砸锅"，可以下情请人补锅，还要磕头回话。

大掌柜决定一切大事。"千锤打锣，一锤定音"，人们以此描绘大掌柜权力之高。他们讲究什么"用人不疑，疑人不用"。他们对有权威的衔头（营业主任）也很信任，让他说了算。其次是先生（会计主任）掌握经济实权，决定一切收支。还有贴掌（总务主任）管理伙食和学徒的劳动及货物的堆放与出入的数字。常言握子不漏，就是贴掌的任务，一般号上只要形成这样的情况，公众就说他家可以做到"生意兴隆通四海，财源茂盛达三江"。

《西安市山货业简史》

❖ 党军："轿车"的出现

由人抬的轿子发展到用骡、马拉的"轿车"，可以说是一个较大的进步。关中"轿车"在清代中叶就很多，轿车又称"西跤小车"，颇有名气，制造整齐耐用，又节省人力，一辆轿车可乘坐四五人，只用一人掌鞭，车内设备较好，也比较舒适。天寒时在坐垫上覆着皮子，乘坐的人可以拥被斜卧不感过冷。20世纪20年代左右，东、西木头市各木器铺定做这种轿车，按质量每辆代价从100至200银元不等。

"轿车"的使用直到陇海、咸铜铁路通车以前。1924年至1940年，赶车车夫每天清晨多在东关、北关等招揽生意，是来往于临潼、渭南、三原、泾阳、富平、咸阳、礼泉等地的主要交通工具，每一百华里八九角钱至一元不等。

《旧西安的交通工具》

▷ 新型"轿车"

▷ 等顾客的人力车夫

❖ 党军：从京沪引进的马车

马车是从京沪引进的。这种新式马车，专供人乘坐。车厢承接弓形弹簧，行进时有弹跳力，人坐其上颠簸不大，比较舒服。马车有四轮和双轮的，有驾单马的，也有驾双马的，双马并驾齐驱，较单马的快得多。车厢装饰讲究，配有玻璃窗，外加彩色的窗帷。

西安城内1936年3月成立了马车公司，设骡马市街，约有车40辆。公司装有电话，随唤随到。还拥有结婚用的彩车多辆，每辆一次租赁价十四五元。普通马车在城关内一小时为法币五角，两小时起码，半天二元，全日三元。城内至大雁塔等地往返一次四五元。这个公司是张丹屏集资创办的，当时在西安是独一无二的。

《旧西安的交通工具》

❖ 李文斌：古城西安的"鬼市"

"鬼市"这个名称，乍听起来，颇觉费解，其实它不过是一个极普通的旧货交易市场，我国多数城镇均有此类行业，其聚集场所大都叫旧货市、破烂市或小市。"鬼市"这个名称对久居西安的老年人来讲并不陌生，但大多数人不甚了了。考其究竟，传闻约有四说：其一，西安系历史上十一个王朝建都的古城，宋元明清各代仍将西安列为重镇，达官巨富都把西安当成安乐窝，但是"花开百日终有败"，当这些人的后辈一旦破产潦倒，不拍卖家底则难以为生时，便常在黎明前到旧货市上脱手什物，为了不伤"体面"，借昏暗天色来掩饰面孔，以避相识。他们因急于出手，且又不稔行情，往往讨价甚低，一些小贩或买家便利用其窘况，廉价收买，以俟成交，买者即迅速离去，免得别人争购或卖者反悔。由于买卖双方均乘天色昏暗之便来做交易，故谓之"鬼市"。其二，由于旧社会反动政府腐败无能，天灾人祸，民不聊生，有些穷苦人便铤而走险，沦为盗贼或成小绺，他们不敢在白天出卖偷盗来的东西，只好在黑暗之中来销赃，待到东方既白，也就人散市寂了。这种交易，如同鬼蜮出没，人们对此则贬之为"鬼市"。其三，旧货市上常有一些所谓行家，为了觅求意外之财，起五更、打灯笼在旧货堆里来"淘宝"，相反的另有一些不太内行的人，却想碰运气捡便宜发暮财。于是他们都凭借凌晨暗幕，以假充真，鱼目混珠，相互捣鬼，设局骗人。像这种买卖，又多在袖筒里用暗码论价钱，局外人也难知贵贱。对这种尔虞我诈，以鬼捣鬼的交易，则被讽为"鬼市"，最后一说是，西安城内东北一隅，本来住人极少，辛亥革命后，这里几乎成了一片旷野，蒿草丛生，人迹罕至，旧货市便利用此地而自然形成，同时交易活动也只在黎明前夜幕未退时进行，因而人们概括了其地其时的不正常交易活动，命名为"鬼市"。笔者除就记忆，还走访了几位曾在"鬼市"做过交易的老人，都认为以上虽是众说纷纭，但"鬼市"的地点荒僻，在昏暗中做生意，买卖行为鬼祟，却全系事实，所以据此而叫作"鬼市"，也无非是约定俗成吧。

《西安的"鬼市"与民生市场》

❖　**王新民：**繁荣的城隍庙市场

城隍庙为旧社会商业及手工业的中心，是一个综合性质的市场，经营历史悠久，包括行业复杂，供应货物齐全。往往在大街上买不到或者需要跑不少路，走不少家才能买到的货物，在城隍庙商场，不离地方，即可完全买到，顾客感到方便，所以乐于光顾。商场商业，随之而蒸蒸日上，相沿多年，形成了商业及手工业的中心。商店多设在神道东西两旁，当时大约有80多家（不包括手工业、摊贩），这些商店，表面并不堂皇，陈设也较简单，但其营业地区之宽广，出进货物之数量，绝不能以门面衡量，勤俭朴实，为城隍庙商店之优良传统，颇具有务实主义风格。

城隍庙之商店，系由赶庙会之临时摊贩发展而来，当时庙会规模颇大，游人众多，不仅市内、郊区居民前来赶会，即附近外县的善男信女，携带贡品，按时接踵而来，摊贩由小而大，临时变成永久，才发展成为商场。商店中规模较大的也为数不少，现在举出几家的情况，大可概括一般。有一家商店叫作"永盛德"，这个商店还有个绰号，叫作"快来看"，业主叫秦伯荣，基督教徒，先由做制军帽（旧社会军队、警察、学生都戴大盖帽，商业名称叫作"熨斗帽"）开始，生意逐渐发展，成为相当规模的绸缎、布匹，兼售百货的较大商店，以后由"永盛德"分出部分店伙，又组成"同庆祥"，也有个绰号叫作"快来升"，意即高高升起，压倒对方。这个"同庆祥"和"永盛德"经营的业务，几乎相同，彼此争夺生意，互不相让，大唱对台戏，竞争之下，两家的业务，都很兴旺。以后又分出部分店伙，组成了"元庆隆"，也是经营绸缎、布匹兼营百货的商店，业务也极发达。在旧社会商界中流传一些常语如"同行是冤家"，又说"同行是仇人"这些话，当然也存在有褊狭的一面，其实同行彼此之间，既非冤家，也非仇人，充分反映出当时商业竞争之剧烈情况。此种情况，不仅城隍庙如此，整个商业界都是如此，用今天的话来说，应当称为"商业战场上的亲密战友"。旧社会的商业，虽系历史陈迹，但也不能一概视为腐朽渣滓而全部否定，其经营业务之方式方法，经过多年磨炼，大有斟酌取法之必要。

上述类型的商店，营业范围，非常宽广，远至天津南、汉中、城固、平凉、兰州等地，都派有专人分驻各地，办理进货及联系业务。经售商品，除行销本地外，还供应远近各地，零整批发，方式多样，西安街道其他商店多有从城隍庙商店成批进货。其营业方式，采取暂不付现款的赊欠办法，各家买货商店，都备有进货折子，随时进货，随时登记，彼此凭折子记账，每月于阴历初一、十五，两次清账，此项货物，由城隍庙商店，分别送往买方各店。如当时南院门的五洲、世界药房等，也兼售百货，经常由城隍庙商店成批购货。另外还有在当时西安市区内外走街串巷身背担挑的货郎，每天早晨，都到城隍庙采购他们各自需要购买的零星百货以及家庭生活的日常用品，天天如此，很少间断。这些货郎，是城隍庙商店的可靠固定卖主，为了抢时间，往往在开市之前，即已长龙排队。旧社会如遇婚丧嫁娶，按当地风俗习惯所需物品，样色繁多，只要到城隍庙坐等一时，即可全部买齐，万一所到商店货物不全，商店派人到别家商店买齐。如果雇主系是定亲陪送彩礼，商店还要将礼品衣料等物，用印有该店商标特制的红纸，包装一定的样式，然后加次"腰封"（当时商店的营业术语，就是印有花纹的红纸箍）。这种包装，很受一般顾客欢迎，一般小徒弟还包不好，经过一定的过程，才能学会。这种营业方式，对招徕顾客，起了很大的作用。薄利多销不怕麻烦，比如当时有的商店售每台100多元从英国圣嘉公司进口的缝纫机，同一商店，也卖一分钱能买几枚的缝衣钢针，只要顾客需要绝不能因利小而不为，这也是城隍庙商店的一个优点。

门市生意，仅占全部营业的一小部分，比重较大的是批发生意，当时城隍庙的商店，都有各自的货栈，地址设在东、西道院，由于货栈的批发生意繁多，从业人员也比门市的多。批发各地货物，都在货栈配货、包装。附近如三原、泾阳、铜川等地，较远的如陕西城固、洋县、汉中、榆林、兰州、平凉、秦安等地的客商，都在城隍庙购买货物，分别按各地运输工具的具体情况，打成大小不同的货包，先后起运。

《解放前西安城隍庙商业情况》

❖ 汪文宝、祁敬仪："鬼市"的大生意

"鬼市"不光是买卖破烂的集市，还有一批一批的大生意。像军队机关处理库存物资时，招商投标，得标后，把物资拉到"鬼市"上出售，

▷ 卖哨子的小贩

▷ 集市上出售的水缸

赚取很大的利润。我的友人王右弼，原系河南济源人，1936年时，中原沦陷，逃难来陕，住在东关罗索巷田师庙内，叫他弟弟卖豆渣包子赚几个钱，维持生活。王本人精明强干，开了几张织毛巾机，为他人织毛巾，发展为织军布厂，还开贸易公司、金店，还不断在飞机场投标。有次还联了我一股，拉回汽车底盘、轮胎、汽油桶等，当时就把汽车底盘卖了，我还分了40条轮胎，拉回家里，解放后才卖给挑担子的收破烂的人，赚钱不少。

还有在抗战初期，有王树人者，河北保定人，因七七事变，日寇深入，大片领土沦为敌有，王本人携眷逃难，辗转来到西安。为了谋生，在西华门一个浴池附近，开设一个煤场。岂料敌人飞机不断轰炸，人们一天跑几次警报，煤的生意相当不好。这时王的手头已经拮据，但在这时，有几个专做破烂生意的人找上门来，听说王认识东北军何柱国的骑兵师驻宝鸡虢镇北的仓库主任，由于军队阵地变动，上边决定处理仓库物资，有棉裤、棉袄、棉大衣、马鞍、马辗子、马靴等军用物资，因要的人多，决定投标，谁投价高，就卖给谁，因王与主任相识，得了标，他们只交400元的押金，陆续提货，陆续交款。四个人商量，不要王拿本钱，也算一股，在"鬼市"附近，尚仁路东南角的空地上，搭起军用帐篷，周围用铁丝网围住，这个摊子，相当宏大排场。早晨来客购买，尽是终南山各县商贩，几十件几十件地批发，卖的极快，四个人连运带卖，只用了不到三个月的时间，就赚了两万多元，每人分4000多元。这些破烂市上的生意，也有它的生财之道。林卿者，东北人，他利用私人关系，和东北军的人熟，他专搞汽油大桶生意，发了大财。还有翟起扬的父亲，住开通巷，在"鬼市"上专做自行车和零件，也发了财。做这样生意的人相当多。

《解放前西安的"鬼市"和寄卖所》

❖ **汪文宝、祁敬仪：** 应运而生的寄卖所

我在1933年去汉口工作时，就在汉口市寄卖所买了一件横罗大褂，可是那时西安还没有。到了1933年前后，有甄汗丞者，北京人，曾在北大街西华门附近，开了一座寄卖所，后在东大街改收古董了，商号名称记不起来。到1940年，有南方人周杏轩者，在案板街开办了西京寄卖所，置了些放货物的架格，用人不多，生意还相当兴旺。接着胡斌，也是南方人，在东大街钟楼东北角，开设公平寄卖所，他们当时抽取佣金为百分之二十的利润，这种生意比较文明、稳妥。他们有时为了增加货源，还联络"鬼市"收破烂的，收上好的东西，送货上门。像互惠寄卖所周德仲自己本来就是收破烂的，开了寄卖所，还每天收破烂，以资增加货源，还联络同行，收下好货送来寄卖。像南四府街王惠民的复兴寄卖所，是夫妇二人开办的，他每天不光照顾了门面，还得出外收破烂，十分辛苦。

▷ 1935 年的西安钟楼

要是正式经营寄卖业，也得用几个店员特别是收货员，要有技术水平，对市面行情都懂，认货要有把握，标价力求公平。过高卖不动，过低了人家不寄存，还得看货标价，上不差一，下不差二。但有时也得看自己的货源如何，如货源短缺，稍标高些，不行时，再和货主商量，变价出售，以不放货走为原则。还有高贵商品或笨重商品，当时不便拉运或拿来，只可写出海报，说明货样价值，如顾主需要，可引上货主家去看货，如能成交，寄卖所均可抽取佣金，就看营业人员的本领了。

《解放前西安的"鬼市"和寄卖所》

❖ 秦子明：民乐园的骡马集市

民乐园鬼市到了天亮散市之后，紧接着就是成群结队的骡马牛驴随之赶到园内东南角之广场上进行交易。这个牲畜集市系于1928年由东大街骡马市迁移来的。西北素称盛产骡马之地，群集到省会来办理交易业务就是在这个地方。平时外省外县的客商来到西北采购者很多，也是关中一项大宗生意。尤其是在七七抗战之后，国民党军事委员会西北采购骡马所所长于世铭当年曾在民乐园采购了大批的骡马，有时每天能够买到百余匹之多。听说于世铭从中贪污剥削骡马的价款发了百万元的国难财，人言啧啧。至今本市东关一带当遗留有于的房产不少。

骡马市上除了骡马买卖营业交易的各项苛捐杂税以外，还有骡马"经纪"的佣金，他们明处也剥削，暗处也剥削。在旧社会经纪是最蛮横无赖为世人所不齿的人，牲畜的交易很少是买卖双方直接谈商价钱，按着他们的规律大多数是由经纪人把持垄断，每批交易讲妥之后，他们由买卖双方收取佣金，都得听凭这些坏蛋的任意剥削。经纪在谈交易时两个人手拉着手在袖口内用手指头偷偷摸摸的要价还价，另外也用行话暗语，虽是三头对面的谈交易，经纪却从中捣了鬼。如果是这匹牲畜价钱便宜，则经纪人私自留下另待高价出售从中渔利，他们又经常以蛮横粗野的态度欺压乡间的买卖客人强买强卖。

▷　1934 年的西安民乐园

骡马经纪人还有一种最不人道的办法，就是将活活的骡马齿曲加工改造，如马的年龄已超过十岁口已没有齿曲，他们能曲改成六七岁口的牲畜，以此骗人多卖些钱。自从解放后才打倒了经纪人的垄断，铲除陋规恶习的种种剥削。同时也将民乐园的牲畜交易集市，迁移到本市南梢门外去了。

《西安民乐园兴建和发展的回忆》

❖　**秦子明：** 收废品旧物的担贩

担贩在以往旧社会里，也叫作"卖破烂的"，他们每天担着两个筐子游行于大街小巷中喊叫着"有破烂的卖"。所收买的东西多是不值钱的废品旧物，偶尔也能遇到特殊值钱的物品，如古董玉器卖主不知当作破烂东西以很便宜低价收买进来。这项行业多是小本生意独自经营个体劳动者，还有两三人合资经营的。他们收买一天货物到了翌日天不亮就担到民乐园鬼市上去卖，谋逐什一之利。但是也有个别的人，由于会钻营，能够与机关单位，或是军队内的军需兵站主官人员挂上钩，互相利用，套购国家处理的物资和军需品，每批交易价值有数万元以至数十万元，所获的利润则不止一两倍，他们很容易发财致富，骤然一变而成为大资本家了。

▷ 街头的杂货商店

在九一八事变以后，东北军辗转调来西北驻防，民乐园的商人李茂林因缘际会得与东北军的军需人员挂上了钩，大批的标买部队所处理的军衣军鞋军毯帐篷等军用物品。他是以贱价整批的买来运到民乐园鬼市上，又以高价零星的售出，获利甚丰。从此多财善贾的李茂林又成立兴周商行扩大积累，用剥削来的黄金数百两购置高楼大厦，骤然发展成为民乐园的首户。副区长郝立绪依仗狐假虎威的权势操纵商场，不数年间也暴发起来，郝立绪自行创办沧浪池澡堂于尚仁路（现解放路），又与同乡等合伙开设金店和其他投机商业，不数年由一个地痞流氓，俨然而成为大腹贾并土豪劣绅矣。

担贩业在以往是组织散漫并没有什么统一管理机构，到了1938年有商人张秀峰者，倡议领导成立"破烂公会"。据说在那个时期内部当属安分，以后又改为担贩业公会，在人事上就比较复杂。1946年郝立绪、雷震宇、李茂林等抱着贪欲野心，他们又组织成立"民乐园复兴市场筹备会"，企图垄断全场，因而把卖破烂的"鬼市"担贩业等迁出民乐园后，搬到东城根东三路一带，当时招得群众的不满，时起纠纷。1949年西安市解放后，党和政府本着扶助工商业繁荣经济的精神，乃正式改组成立了"民乐园管理委员会"，使商场移风易俗，内部焕然一新，才真正走上民乐康业的道路。

《西安民乐园兴建和发展的回忆》

❖ 秦子明：街头流动的摊贩

摊贩业终年常以在民乐园露天广场上固定的地点来经营专一的业务，非比担贩业货样多繁杂，而又每天流动于街头。民乐园商场内的摊贩有纱布商、颜料商以及杂货小五金商共有300多户，其中以纱布业者多，其次就是颜料业。每户的资金最多者为十数万元，最少者也有千元。每户所摆的摊子面积长度不过两丈左右，宽度约六至七尺，照例除缴纳各项苛捐杂税以外，每户预缴100元的押金。摊贩虽没有金字招牌匾额，但是经营业务的情况还不错，因为设备简陋开支少，比较市上的铺户资金流动得快而又灵活，故易于经营获利，一般的业务大都是这样的情况。

纱布业的货物来源和销路是很广的，如资金少的布商则代销本地工厂生产的土布和条子布，共有60多家，其资金较大的布商30多家，有的是从上海、汉口等处运销纱布，平时是代替本市各商行货栈客人买卖纱布。所谓买空卖空投机倒把的纱布商集中的市场，就是民乐园和民生市场这两个地方。有一部分小摊贩卖布时玩弄取巧量布的手法，他把八九尺布量成一丈多来欺骗外乡外县来的小商贩。或者是偷换商标以次等劣布而冒充正牌的好货来骗人。总括的说来，纱布商业的鬼把戏多，有的是投机倒把的大奸商。

▷　街头的摊贩

　　旧社会的颜料商人俗称为"颜料鬼子"，渔利剥削的方法更为巧妙。民乐园的颜料商人平时所零售的颜料固然是容易掺上假，而进口整桶原装的颜料他们也能够原封不动的掺上假，据说是把原装的铁桶锥上一个小眼，即能从中捣了鬼，外行人是不容易看出来的，所以把他们叫称颜料鬼子。掺假多的颜料在染布时不但不易染上色，在穿用的时候也易于褪色，诚属害人不浅。但自解放以后这种骗害人的事情，根本上是一去而不复返了。

　　西安新市区尚仁路（即解放路），在解放以前原有民乐园、民生商场、国民市场和游艺市场四个商场。民乐园和民生市场为商业地区，是杂货纱布颜料交易市场，回顾当年那些奸商的怪现象充分地暴露出资产阶级唯利是图、损人利己的剥削本质。至于国民市场和游艺市场本是两个消费地区，逐日是花天酒地，反映出统治阶级的爪牙，以及地痞流氓的残酷压榨人民。总的说来这四处商场在旧社会统是藏垢纳污的地区，而今都已移风易俗焕然一新，消灭了那万恶的陈迹。抚今追昔孰不讴歌！

《西安民乐园兴建和发展的回忆》

❖ **王新民：**特级旅馆——西京招待所

当时西安的大小旅馆，共计有一百二十家左右，现在按当时旅馆的规模大小，旅客容量多少，设备好坏，以及其他有关情况，为了便于说明问题，分为特型、大型、中型、小型四个类型，分别叙述，较为明确。当时多数旅馆，集中在解放路（旧社会叫作尚仁路）、东大街和火车站西边西小街一带，也有些旅馆，分散在其他街道，但为数不多。其中特级旅馆，只有解放路西京招待所（以下简称招待所）一家。

招待所，在当时旅店业中，列为特级较为恰当。其设备完善，房舍开阔，院落环境也比较优美、舒适。自陇海铁路筑至西安前后，于1934年进行筹建，于1936年春正式开业。招待所系属于中国旅行社所有，中国旅行社乃系上海银行所经营，招待所从筹建到正式开业，均由当时上海银行西安分行经理陆君一手经营。开业后第一任经理为周天承，以后相继有张光纶、杨守文、林世芳、俞承淦等先后担任经理。招待所建有楼房三层，无地下室（有关"双十二"事变的书刊，多有记载；陈诚藏匿于招待所地下室，实系误传），共有房间四十六间。投宿旅客多系当时所谓"军政大员"以及中外富商，当时来往西安的外国人，多住在招待所，其他还有些外地来西安收购棉花的巨商，也住在招待所，一般普通旅客，很少问津。

招待所设有餐厅，中西兼备，菜肴较全，足够高级饭馆水平，除供应住宿旅客外，同时也对外营业，随时接待顾客，也承包酒席。当时蒋介石

▷ 民国时期的西京招待所

的第二个儿子蒋纬国和大华纱厂经理石凤翔的女儿结婚，就在招待所举行，在西安曾经轰动一时。

《解放前西安旅店业部门实况》

❖ 汪文宝、祁敬仪：冒险"跑单帮"

在抗战时期，还出现一种叫作跑单帮的人。这些人冒着生命危险，奔走于战火边缘或越过战壕专跑上海，来回贩运绸缎、呢绒、成衣、布匹、颜料、电料等物资。他们每人带上两个行李兜，有时坐马车，有时骑驴子，有时还得步行，反正是够辛苦的。像正大寄卖所经理包廷甫，自己有生意，还跑单帮，有时还联络朋友一块儿去。有倪志贤者兄弟三人，专门是跑单帮的，专跑上海，人称"倪家帮"，和各寄卖所都有来往。他们经宿县，过蚌埠、安庆，去南京到上海，长途贩运些衣服之类，奔波于枪林弹雨之中，和敌人打交道，特别是过符离镇，要过敌人火线，花了钱还得受罪，闯潼关更是困难，白天不敢去，要到夜半后走，腰有时要猫下，不敢咳嗽，真不容易。一进潼关，他们就放心了，到了西安，谁家都欢迎，把货存放在寄卖所，就可按货借付一部分现金，令其再跑，这样就不耽误生意，双方都有利可图的。寄卖所是什么东西都收，当时物资缺乏，特别是衣料、布匹，是很能卖的商品。所以这些跑单帮的人，寄卖所是欢迎的，越多越好，在抗日战争期中，寄卖所是应时代的需求应运而生的，他不仅和收破烂的有联系，还和跑单帮的有莫大的关系。

还有张日堂者，宁波人，原在西安某钟表店当修理工。在1942年，因有意大利神父回国之机，跟着一块儿过了战壕，到了老家，看到手表价钱便宜，就向亲友借了些钱，买了20只旧表，拿到西安寄卖所，各家都欢迎，又借给了些钱，有的还带钱叫捎表，他摸着了道路，来回一趟，最多一月，就赚七八百元。由那时起，直跑到解放后，一次被人民政府没收了货物，还给发了原价，才不跑了。

《解放前西安的"鬼市"和寄卖所》

❖ **白福贤：**只要开张就能卖钱

在1932年，大差市口东北角有一家荣兴春饭馆，负债达1500元至2000元左右，无法经营。如果听其破产倒闭，全盘卖掉也还不了欠债；如果能继续坚持开门营业，则有可能把欠债还清。在这种情况下，我接收了这个烂摊子，条件是只要能还清借债就行。我将荣兴春的名号，改为益华楼泡馍馆。

在新中国成立前，像我经营的这样小饭馆，是受尽了敲诈勒索和不时歇业之苦的。不但税务繁重，警察特务明着吃了不算；当时在禁宰耕牛的幌子下，只能卖羊肉，他们还借口检验羊肉合不合乎卫生标准，将整大块大块的拿去"检验"，从没见过再拿回来。自抗日战争爆发以后，西安经常遭到轰炸，一跑警报就是半天，原准备的肉食，到下午就霉变不能卖了，整桶整桶的肉汤和肉，抬去倒在城河成了常事。这样能卖时就开业，卖不成时就歇业，开开停停前后起伏达十数次之多，同伙们生活上受艰难，饭馆内经济上损失比较大。

　　泡馍馆的生意，只要开张就能卖钱，基本上是赔不了本的。营业时间一般是上午8时至下午2时。当时我们的工作人员约有20人，实行的是日工资制，上午都在饭馆内吃饭，下午每人拿一块饼走，工资随即付清。炉头师傅每日工资一元八角，是营业上的主要负责人，每个工人在工作中有不尽职的，他即通知次日不让来了。

《益华楼泡馍馆的始末》

❖　王天民："救中国，用国货"

　　1935年1月1日，陇海铁路通到西安。南京国民政府高唱开发西北。华北政权破碎，天津总所预感业务难以存在。为求业务发展与国货行销之普遍，乃决定在西安设立分所。是年3月，总所经理吉玉如前来西安考察市场情况，回津后派徐卓然前来西安筹备。租西大街门面房三间，将原房拆除，另绘图重建三层楼房，在兴建过程中屡生波折，拖延完工时间，继由谭抡秀、路鸿勋来协助。天津总所于同年9月结束，以其半数人员、货物和大部分家具运陕。西安分所于同年12月15日开幕。总所经理王乃春于开幕之前来到西安亲临指导，以徐卓然为西安分所主任，下设账务、进货、卖货、函售、庶务、调查、广告、文牍各股。此时国货品种质量较总所开办初期虽大有改进，但仍不能与洋货抗衡。而西安地方工业，寥寥无几，大部分货源仰仗外地，以上海为主，天津、北京、济南各兄弟分所也互相代办。

　　分所初成立时，人地生疏，也遇到不少困难。如当时地方政府对东来货物征收特税，但对其他刚刚开业的国货商店予以豁免，本所也申请按例豁免，终未获准。又如陕西地方营业税法明文规定，对经营国货的税率比一般营业税率减半征收，以示优待。但实际仍照普通营业税率征收。当分所要求根据税法规定交税时，税局毫无理由地予以批驳。当再申请法律条文时，税局感到无法解释，乃断然将税法原文有关优待国货部分予以废止。其他如公安局批示按特等等级担负地方苛捐杂税，商会派款也列为头等等。

西安分所原计划前场零售，后部批发，各派主任一人主持业务。批发分所主任宋避浮到任不久即离去，在分所主任徐卓然领导下，由谭抢秀、路鸿勋等四人推动批发业务，主要推销牴羊牌毛线、皇后牌汗衫、金爵牌绒衣裤、永字牌皮球、人力车带、三星牌牙膏等。分所业务主要在零售方面：经营品种，举凡绸布呢绒、日用百货，如胶鞋、皮鞋、钢精、搪瓷、文体用品、棉线、毛线、棉花织品、男女服装、儿童玩具、化妆用品，以及针线、扣子、耳挖等细小商品，凡属国产，尽量搜罗经营。唯不卖烟酒赌具。另有中式、西式服装，工人在商场值班，随时承做各式服装，方便顾客。人员方面，总所原有人员20余人为骨干，陆续招考职工学徒，临时加紧培训，提高业务技术与工作效率，最多时有60多人。

宣传方面：除采用报纸、传单、墙壁、电影、各种形式广告外，还采用游行广告。雇用闲散人员，穿本所特制靠色西式大褂，背后嵌有"国货售品所"五个红字广告衣，肩膀扛各种宣传旗帜，敲锣打鼓，串游大街小巷，随走随散发传单。有时租用卡车，周围围上红布，上贴白字宣传。还有专为分所开幕时刊印的宣传小册子，内容有营销宗旨、经营范围，以激发群众爱国思想等，作开展业务的先锋。同时为使广大群众明了国货品种，印有目录，任人索取。大门两旁，标明"欢迎参观，随便入看"。并利用各种节日，适时进行宣传。如在儿童节时（旧社会是4月4日），预先在天津印制彩色小旗，上面印"救中国，用国货""中国人应用中国货""庆祝儿童节"等，灌输儿童热爱国家、购用国货的思想。凡顾客在节日那天领小孩来购货或参观的，均各送一个。此外，还参加过马坊门民众教育馆主办的国货展览会，一面展销，一面作抵制外货购用国货的宣传活动。

1936年12月12日西安事变，当时南京国民政府派遣飞机盘旋西安上空，东北军选用本所三楼顶平台架设高射炮，人心惊惶，一度停止营业。

后来和平解决，十年内战，从此结束，为国共合作一致对外、团结抗战奠定了基础，给国家民族带来新的希望，市面也恢复正常。

《天津国货售品所西安分所史略》

▷　西京中国国货公司

❖　郭敬仪：玉门石油在西安的畅销

抗日战争一起，交通阻塞，洋油的代理商纷纷停业，所有民间照明需要，完全为玉门的国产石油所代替。本来玉门石油，远在塞外，因交通不便，运输困难。自抗战军兴，不得不修公路，公路畅通了，去甘、青、新的汽车，回脚都带玉门石油，又轻便，又赚钱。他们每带一桶（50加仑，约合市斤300斤）能赚30多元，运回西安售给零售店，像钟楼南仲世昌、北关阎岗领，东关陈清轩、郭锡三（敬心诚副理）等，都是大卖家，有多少买多少，这些家有时还去宝鸡购买，生意相当红火。抗日胜利后，在尚德路成立了中国石油公司，这样玉门石油就正式代替了洋油。中国石油公司成立后，专门运来玉门石油，召集西安各分销商登记，发有折子，公司按月供应，各分销家都有油卖，人民则照明有油，光西安一处，就可节省国家外汇二三百万元，一举数得。

《解放前西安的煤油业》

❖ 李孟雄：长发祥绸布，送货上门

长发祥绸布呢绒商店，是一个由小到大逐步发展起来的独资民营商业，它经历了光绪、宣统和民国，有近百年历史。它起源于光绪后期的河南省开封府北土街，民国初扩大经营，总店设在河南省郑州市大同路。1935年分设陕西省西安市竹笆市街。1944年迁到西安市东大街骡马市口。

西安长发祥分店是1935年正式开业的，开业时由总店拨款四万元作为流动资金，从业人员62人全部由总店调来西安。主要经营绸缎呢绒绣品布匹等，以零售为主。商场正面悬持长发祥金底黑字长方形大匾，两边四个小吊牌，每个牌四个字分别写的"货真价实""童叟无欺""言不二价""不赊不欠"。经营品种以中高档名牌产品为主。商品来源于上海、天津、北京、山东、苏州、杭州、长沙、武汉、四川等地区，长年派人驻外地采购，直接与生产工厂挂钩，按出厂价发货后付款或年终统一结算。

为了发展业务，方便顾客，还建立送货上门制度，随叫随到。指派专人负责跑各大公馆、军事部门特殊需要以及回民家庭，因当时回族女孩十三四岁就不许出大门，只有送货到家隔门帘挑选商品，这是少数民族的风俗习惯。送货时专人发货，记入送货账，商品两端盖章，长度记清，回来时由原发货人检验销账，以防差错。为了赠送礼品方便，还备有精致礼券，可以拿现金购买，金额不限，图案美观大方，外加大红喜字封面，送人后可凭礼券上的金额购买商品，用完为止，不兑换现金，这种有价证券对商店是有利的。在店内还设有缝纫作坊，专门为顾主定做衣服，缝纫工人实行包干制度，接活按加工费店内扣百分之十，其余部分归工人自行分配。在用料上采取单算套裁，节余归商店，总之资本家的本质是唯利是图，没有有利不干的。就这样开业一年就居于全行业之首，在顾主中取得了很高的信誉。当时每日营业额最高银元3000多元，一般亦在2000元以上。

《长发祥绸布呢绒商店简史》

❖ 张祖坊：鸿安祥的鞋子，供不应求

本来西安市涝巷原有些制鞋作坊所制之鞋，供西北各地人士穿用，在古老城市的手工业上，大都守旧，不会革新，因之制出的鞋虽比较便宜，而样式不新，又不耐穿。在旧社会买鞋的人，不是骑在人们头上的官吏，就是剥削阶级，不受欢迎，自在意中。鸿安祥各种样式棉布鞋自倾销西安以后，这些鞋店的经营，更感到落后，生意暗淡，日甚一日。在鸿安祥由批发而开设门市部以后，就有些涝巷作坊向鸿安祥请教，交换意见。而鸿安祥主持人也就将天津方面传统做鞋用料技术等办法相告，即有些作坊照样试制，还是不能达到顾主的要求。舍用本地货而购天津（鸿安祥）货，这是天津鸿安祥鞋店在西安打开销路的过程，也可以说大商埠的商人，毕竟比内地各城市商人善于营利的一个例证。

《解放前西安鸿安祥鞋店简况》

❖ **李华：** 华美利，比美亨得利

华美利的创办人是陕西人李蕴华。1935年，李蕴华在西安师范上学时，能写会画，被南院门亨得利钟表公司聘去，在开运动会用的奖品——银鼎、银杯、银盾上写字。他机敏干练，深得经理的赏识，经理不仅给他较高的工资，而且再三挽留他在亨得利长期工作。李蕴华父亲去世早，家境贫寒，能找到这样一份待遇优厚的工作，借以维护全家生计，也满心欢喜。于是中断学习，到南院门亨得利当了学徒。

▷　街边的钟表行

李蕴华天资聪敏，又较有文化，肯用脑子钻研业务，经过几年勤学苦练，熟练地掌握了钟表业务知识和修理技术，成了亨得利的台柱。不

仅同行称赞，亨得利的经理也说："在亨得利的同事中，唯有他算是群龙之首。"

俗语说："无宁不成市。"西安当时的钟表业，全被宁波人开的亨得利、大西洋等七大家垄断着。他们唯利是图，以衣帽取人，轻视劳动人民。尤其是对那些进城买马头钟、圆头钟的农民，不但没有亲切感，反而瞧不起这些本地人，冷言冷语，甚至争吵起来。李蕴华见了心里很难过，他想：如果我开店，我一定一视同仁。

抗日战争初期，苏联助我抗战，派有空军到西安。当时苏联不进口外国表，他们进了亨得利，瞧见那么精巧漂亮的金壳瑞士坤表，喜欢得不得了。这表进价四五十元，标价100元出售，利润已很可观。可苏联军人来买，他们就要价200元，苏联人嫌贵要到别处买，他们就赶快打电话，通知有这种表的东大街亨得利分公司，对苏联人也要价200，李蕴华见了十分生气，他想：如果我开店，我一定不这样欺诈顾客，牟取暴利。

1943年，24岁的李蕴华，利用他在亨得利当营业部负责人的身份，熟悉了同商业有关的种种社会关系，打通了经营和销售的渠道。他怀着为陕西争气的雄心，集资五万元，在东大街端履门什字西北角，租赁了一座半圆形的三层楼房，并取了一个响亮的字号——华美利钟表眼镜行，含义是振兴中华，比美亨得利。

《华美利钟表眼镜行采访纪实》

❖ 屠伦长：大丰酱园，驰誉西安

大丰酱园糕点业是于1940年7月在西安市尚仁路114号（即解放路中段）创设开业的。这个企业是董事制组成，董事长娄宝华（上海北洋申庄老板）。股东来自东北三省、上海、西安等地，原只有股金旧法币3万元，后增加到32.5万元。每股定为500元。酱园是在我国东北三省、北京、天津、上海、南京等大城市相继沦陷，蒋介石消极抗日积极"剿共"，日军节节向我国内地进攻的背景下开始筹办的。

因当时同业竞争激烈，酱园初创，我们不论在资金实力及人事地理和环境情况都和同业相差悬殊，无论什么条件都跟不上同业；加上洛阳歇业人员塞西安，大丰业务开创伊始，收支不能平衡，濒于亏蚀吃老本境地。在这种困难情况下，我们就发动群众献计献策，开动脑筋当机立断。当时感到单纯经营酱货，打开局面较慢，况且人浮于事，所以决定：酱油酱货糕点糖果同时并重；繁华大街地区设立门市部，立即在北大街西华门口设第一支店，尚仁路南段设第二支店。对产品方面，原西安市四区（即新城区）是穷汉们较多的地区，又叫难民区，因此采取因地制宜的办法，制造低档酱油酱菜、单醋，而优质高档产品同样重视，让顾客们随意挑选，满足他们的要求。对糕点一类，蛋糕、南糖、点心等，坚持优料产优品，制造对路商品适应地区需要，迎合河南老乡们的习惯风俗。借鉴同业中不同产品的特点，如制作蛋糕，每天早晨从集市上收购新鲜鸡蛋，用高级头等面粉、优质白砂糖等原料；又如南糖辅料瓜子仁、芝麻仁、松子仁、桃仁等样色齐全，去皮去核，精工细作，因此鸡蛋糕、点心、南糖等有了一定的声誉，得到群众的好评，经常销售一空。

《追忆在艰苦奋斗中发展起来的西安大丰酱园史实》

❖ 王武炎：福康时装，名扬西北

福康时装大楼的前身是福康服装商店，1917年创建于上海霞飞路康福里271弄13号，名叫福康西装店。店主沈照笙，浙江宁波人，原来常到日本大坂一带贩卖绸缎跑行商，见多识广，精通生意，集聚一定资金后，便在上海里弄开了福康西服店。1931年先迁洛阳，紧接着再迁西安。选定当时西安繁华中心区南院门车家巷口16号为店地址，以2万块银元投资开设了福康西服店，由其儿子沈兆昌主业，聘请专家李少国协助其儿子工作。沈兆昌继承父业，虽不懂服装技术，但很会用人，确有一套生财之道。他开福康西服店，讲信誉，重质量。非技术高手裁缝不用，非上等料子不进不做，非高质量产品不交付不出售。同行业一般多用季节工，他用长年工，一般服装店铺不给学徒工资，但他每月却给学徒几块零花钱；外地工人回家，一般自付路费，他每年却包外地工人回家一次的路费。伙食标准每餐两荤两素一汤，工人可吃饱吃好，工资也比同行业高，以此笼络人心，故工人拼命为他出力。

尊重顾客、礼貌接待，保证质量，按时交活是福康突出的特点。他要求工人生产每件产品，做到"做三整七"，即做三天，整烫七天。每道工序，不得含糊。如：裁剪前，将面料打开透风一天一夜后，喷水、熨烫、整平定型后才裁片、打线订，进行必要的技术工艺。里料、辅料、腰衬、胸衬，生产前先缩水、熨平、剪片。衬扎好后，再缩水、熨烫、定型。然后缝成毛壳、衬壳、净壳，经试样修改，使之完成符合顾客体型，得到顾客满意时，才加工制作成衣。成品做出以后，再进行整烫，要求领形端正，胸部丰满，肩头平服，裤缝挺直，臀围合适，穿着舒服，美观大方，久不变形，达到顾客满意之目的。他还设立专人选配辅料，保证线、扣与面料颜色协调。因其做工讲究，质量上乘，当时名扬西北，享有盛誉。新中国成立前，国民党军、政要人杨虎城、马鸿逵、马步芳等人都曾来店做衣。蒋介石的儿子蒋纬国和石凤翔之女石静宜结婚礼服专门选在该店承做。

《福康时装大楼》

❖ 文学：普太和中药店，用料上乘

普太和中药店是个老字号，最早开设在西安市碑林区竹笆市街，主要经营汤剂饮片、丸散膏丹。1937年又在东大街280号设立分店。人们习惯上称竹笆市普太和总店为"西普太和"，东大街普太和分店为"东普太和"。两店从业人员多数来自京、津一带。开业后，生意兴隆。至1942年两店共有职工40多人，日营业额二三百元，是西安著名的"京帮"中药店。

东普太和地处商业闹区、繁华地带，门面装修和店堂布置十分讲究。房屋系土木结构两层楼房，琉璃屋顶，金色橡头，大门上端正中悬挂"普太和"金字牌匾，牌匾上下用彩色瓷砖镶嵌着"灵芝瑞草""参茸药店"的醒目标志。沿街玻璃窗橱陈列着各种名贵药材与中成药，琳琅满目。店堂内两边抱柱悬挂着"道在圣传修在己""德由人积鉴由天"的金字竖牌，柜台赤褐色，药斗洁净晶亮，绿罐铜盖排放整齐，整个店容古朴典雅，药香浓郁。

▷ 中药店里的药剂师

普太和经营的汤剂饮片有700多种。从东关药材市场采购优质药材，设有专门加工场自己炮制，炮制程序严格，成品规格整齐，色泽纯正，无渣沫，煎汁清净。饮片包装讲究，每种饮片装斗以前，要认真挑拣簸筛，淘洗晾晒，保证纯正干燥；第二道手续是每晚查斗一次，有不卫生或渣沫者，即在水牌药名上标明"斗"字，以示需要清理；第三道手续是，泽泻片竖装以防碎，竹茹按常量揉团便调配，鲜石斛、鲜地黄等鲜活药材应有尽有。此外，饮片调剂单包另号，每味药均备有"小票"（说明书），经查柜人鉴核无误后，方能付给，并向顾客说明煎服方法与注意事项。

人参、鹿茸、麝香、牛黄、珍珠、西红花、银耳等珍贵药品，更是种类繁多，规格齐全，装潢精美，还备有专供顾客看样的金边绒里"样盘"，销售量大，成为该店主要营业收入，且大部卖给上层显贵人士。

普太和经营的成药，大部自己制作，计有参桂鹿茸丸、乌鸡白凤丸、人生再造丸、熊油虎骨膏、健胃丹等100多种，用料上乘，炮制如法，工艺严格，久贮不霉不虫。夏季还制作银花露、菊花露等时令药品。

《普太和中药店》

第五辑

食在西安·独一无二的陕味

❖　**白剑波：** 老童家的腊羊肉

西安腊羊肉，在全国是久负盛名的食品。老童家的腊羊肉则是其中的佼佼者。它以色鲜味香，肉质酥松，200多年来，深受群众的欢迎。

远在清乾隆年间，童家即在西安广济街口开设门面，腌制腊羊肉出售，字号就叫作"老童家羊肉铺"。光绪年间，童家后代童明继续经营此业，保持着家传的操作工艺，声誉一直不衰。据说庚子之役，慈禧携光绪皇帝逃来西安，一天，慈禧乘御辇行经广济街口时，闻到浓郁的肉香，便停辇询问，才知道是老童家正在煮肉，慈禧遂令供卫，品尝后赞不绝口。那时城隍庙到广济街口一段道路形成坡势，随从侍臣们为了博得慈禧的欢心，就把那一段路命为"辇止坡"。由兵部尚书赵舒翘的老师、名书法家邢庭伟手书"辇止坡老童家"金字牌匾悬挂门首。从此，辇止坡老童家的腊羊肉就更闻名了。

《老童家的腊羊肉》

▷　1946年《星期六画报》上关于西安羊肉的报道

❖ 白剑波：清真食堂——清雅斋

清雅斋是西安市唯一经营清真菜点的国营饭店，服务对象主要是回族同胞和中外穆斯林宾客，它以独有的民族风味和传统清真菜点闻名全市，又以涮羊肉、松枝烤羊肉、清真烤鸭竹及十大名菜等，在中外穆斯林中享有盛誉。

清雅斋始建于1934年，由回族白福秦、田填修、汉族高沛然三人集资兴办，设于端履门口西南角，当时只有一间门面，取名"清雅斋"。高沛然任经理，另聘请了两名厨师、一个学徒，经营品种有炒饼、烩饼、羊肉水饺、清水爆肚、芝麻烧饼及各式炒菜。1939年又扩修了营业房屋，增加了人员和供应品种，并从北京聘请涮羊肉技师梁振铎来店经营涮羊肉。抗日战争爆发后，西安人口骤增，生意日渐兴隆。1944年清雅斋迁到东大街北柳巷口附近现在的地址，又增添了较高档的菜肴：爆牛羊肉、樱桃丸子及各式海味等，同时承办清真宴席，夏季还开辟冷饮部。

《清真食堂——清雅斋》

❖ 郭新坤："一间楼"牛羊肉泡馍馆

西安市东郊灞桥区纺织城正街北头，有一家闻名古城的"一间楼"牛羊肉泡馍馆。牛羊肉泡馍是回族特有的传统风味美馔。"一间楼"的泡馍以选料精、烹制精、营养丰富、香醇味美而誉满全城。无论早晚，这里总是顾客满座，一片繁荣兴旺的景象。

"一间楼"泡馍馆最早叫"德润福牛羊肉泡馍馆"，是回民刘德福于1927年开设的。最初地址在西安市五味什字，后因经营不善，负债累累。1929年，刘德福退出，转由回民刘文玉、刘子俊、刘文善兄弟经营。1932年刘氏兄弟将"德润福"迁至广济街，有4间门面，职工六七人，炉头为戴永录。这家馆子原来品种单一，热天顾客少，每年夏季要停业二三个月，由于刘文玉等锐意改进制作方法，赢得了顾客的称赞，使企业不断发展，不仅还清了原欠的外债，且使德润福牛羊肉泡馍在西安逐渐有了名气。1935年又迁至钟楼西北角，因为只租赁到一间门面房带一间楼房，因而将店名改为"一间楼牛羊肉泡馍馆"。后来资金有了积累，又买了与门面相连接的10多间房和院子。西大街和钟楼盘道拓宽后，扩大成6间门面，6间楼房，楼上增设了雅座，技师除戴永录外相继聘请了马连生、刘汉民、米博义、马奎等技术较高的炉头（煮馍）、板头（切肉、煮肉、捞肉）和堂头（招待）。职工也发展到30多人。他们的牛羊肉泡馍，色、香、味、形俱佳。夏天又增营水盆羊肉，使淡季不淡，四时顾客满座。从此，"一间楼"誉满古城。

▷　1947年的《新闻报》关于"羊肉泡馍"的报道

"一间楼"一贯坚持高标准，选肉、用料均极讲究。如用花椒一定要陕西汉阴产的大红袍，桂皮要选料厚、膘肥的通桂，草果用个大肉满的，大茴用上等瓣大无渣的，小茴用粒饱、色泽鲜黄的等。制作方面严格按操作规程办事，按小茴为首，花椒除头（即数量次于小茴），其他调料占五分之一的比例投放。炖肉刮去骨渣、筋、白膜后用水泡五六个小时，中间换两次水，再用硬草刷净。先在沸汤中煮一二个小时，再用小火（保持部分汤冒泡）煮五六个小时。馍用窝窝馕（圆周厚，中间有凹窝而薄，用木槌制），做到"虎皮背，铁丝圈"（既保证质量，又要外形美观）等。煮出来的泡馍不糊不散，汤鲜色正，浓香溢口，回味不绝。西安很多知名人士都在一间楼品尝过。据业主刘文玉回忆，在西安事变期间，原任西安易俗社编剧的王绍猷一天来店联系说："有人要来就餐，只许做好饭菜，不许胡问乱说。"后来才知道是杨虎城将军在这里宴请中共代表团。听说当时就餐的有周恩来、叶剑英、秦邦宪、吕正操等首长。饭后他们称赞"味道好，有地方特色"。新中国成立后，不少省、市领导同志先后来此品尝。群众赞誉"一间楼"："老店不欺客，花钱也值得！"

《"一间楼"牛羊肉泡馍馆》

❖ 马德宏：慈禧赐名天锡楼

　　西安城内桥梓口西北角有座旧式二层楼房，这就是过去饮誉省内外的回民清真名菜馆天锡楼。一进门上面悬挂着长方形金字牌匾——天锡楼，系于右任先生手书。楼下设有普通座，楼上设有雅座。据说天锡楼有百余年历史，以经营民族名菜宴席兼营牛羊肉泡馍而出名。

　　天锡楼原名天锡永，后改名天锡楼。据说这里还有一段轶事：1900年（光绪二十六年）八国联军侵犯北京，慈禧逃来西安，曾在天锡永品尝过民族名菜宴席，饭后甚为满意，把天锡永更名为天锡楼。天锡楼过去顾客盈门，盛极一时，承包南北名菜喜庆宴席，还备有抬盒、食盒、提盒为顾客送菜饭。

天锡楼是西安古城最早独家自营的清真菜馆，由于饭菜出名，接待过高级人物和社会名流。据天锡楼健在的70高龄的马耀先先生回忆，曾接待过蒋介石，常来天锡楼吃饭的有杨虎城将军，知名人士张凤翔、马玉贵、马鸿宾、马鸿逵等。

天锡楼菜谱有名菜百余种，光海参就有六七样，如炖海参、葱黄海参、鸡米海参、虾海参、红烧海参等。三仙有肉三仙、素三仙等。全羊席108样，有滚盘珠（羊眼）、百草关（羊喉咙眼）、百尝草（羊舌）、登云梯（羊蹄）、红烧云头（羊脑）等。像这样的宴席过去20多块银元一桌席，其他一桌席也得12至18块银元，价格昂贵，劳苦大众真是可望而不可即。

炒菜有炒鸡丝（鸡脯白条）、炒腰花、炒肝尖等。天锡楼最出名的有黄焖鸡、苡米鸭子、酱羊肉、红烧羊肉和砂锅炖肉。特别是春卷，做法是用面摊饼卷上鲜韭黄、香椿，然后切成寸条过油，炸出来外表像鸡的脖颈，吃起来味鲜美、喷香。

涮羊肉也很出名。主要调料能摆一桌子，有虾油、红豆腐、鲜辣子、腌雪里蕻、韭黄、豆腐、菠菜、大白菜、绿豆面条等。

天锡楼烤鸭、烤羊肉、烧鲤鱼，在做鱼之前先让顾客看是活是死，然后宰杀洗净；鸭子肚里装上冬菜，用木炭火烤，烤熟后用香油刷周身，色通红，当顾客面切片。

天锡楼的牛羊肉泡馍也很有名。他们从甘肃西峰镇买回优质羊，肉味鲜美，汤都是原汁汤，不多对水。天锡楼经营特点是：冬天牛肉为主，夏天羊肉为主。

天锡楼名厨师炉头有马建行、马建勋兄弟二人，手艺出众。马建行曾在北京、天津投师学艺，马建勋受"木兰居"名厨指点，请的名厨师有韦曲张姓，擅长牛羊肉宴席。1963年由于生意萧条，还邀请北京赵某名厨来西安，但时间不长就离去了。

天锡楼过去生意兴隆主要是兄弟八人同心协力，他们继承老一辈懿德家风。前辈马彦令、马春令、马乔令，同姓不同宗，结成一家，情同手足，这在过去回民坊上也是难能可贵的。兄弟八人分工明确，管理经营马建行（大掌柜），马建勋（七掌柜）负责炒菜，其余兄弟马建吉（二掌柜）负责切肉，马建安（三掌柜）负责采购，马建元（四掌柜）负责跑堂，马建明（五掌柜）阿訇，马建功（六掌柜）泡馍炉头，马建文（八掌柜）负责财会。

其次是选料精细，烹调掌握火候，从不马虎。此外，对客人热情招待，一视同仁。过去饭馆有小费。顾客进门让座，拿出菜单点菜，然后端菜到桌前，吃完后还给热毛巾、漱口水、牙签，临走时顾客付给小费，堂官大声喊叫小费多少，全馆人员一齐大声喊谢。

20世纪三四十年代，回民陆续开设了"月华楼""西来堂""清雅斋"等饭馆，对天锡楼营业不无影响，加之老掌柜年老体弱，有的先后去世，生意逐渐萧条，再没有恢复往日门庭若市的繁荣景象。

《西安名菜馆天锡楼》

❖ 叶启贤：夏令名餐——水盆羊肉

以肉鲜肥嫩、不腻不腥、汤味清香闻名的水盆羊肉，是西安夏季特有的回民食品。水盆羊肉在解放前，大多是经营牛羊肉泡馍的回民饭馆到夏季的换季品种，它不同于牛羊肉泡馍之处，在吃法上不是肉馍同煮，而是将炖好的羊肉放在碗里浇入另置于"水盆"（指将煮肉鲜汤和适量清水倒入锅内烧开加入优质调料圆桂）内的羊肉鸡鸭鲜汤，佐以热烧饼和泡菜、糖蒜食用。其特点是汤色清澈、香而不腻，适宜夏季食用。

《西安回民饮食业》

❖ 晋震梵：老韩家汤圆，名噪一时

西安老韩家汤圆，是历百余年的名贵小吃。汤圆源自南方，据说清光绪时，南方人林某在西安南广济街摆摊制卖汤圆，后传之南方人沈某继设店专营。时韩某在该店学徒，因老诚肯干为沈信赖。光绪二十六年陕西年馑，沈回原籍时将店送给韩某，韩家从此时起经营汤圆。清末韩某去世，其子玉堂接续经营。韩家汤圆铺适与"林盛楼"大饭馆毗邻，辛亥前党人常在此饭馆聚会。辛亥后饭馆改名"义聚楼"。时张凤翙、张云山等亦常在韩家吃汤圆。因之民初韩家汤圆名噪一时。

韩家汤圆颇具质地精细特点。其配料专采地道头花江米，浸泡、摇磨、袋压成团作包皮，选上等白糖、黄桂、核桃仁、山楂糕及板油等碎和为馅，可包出桂糖、鸳鸯等多色品种。煮熟食之，兼有柔、筋、香、甜味感，实为老幼咸宜之佳点。

《老韩家汤圆》

❖ 黄典文：南门里的大碗面

西安古城南门里的大碗面，在旧社会，是广大劳动人民的最佳饭食之一，既经济又实惠。我所说的"大碗"，就是耀州出产的粗瓷大老碗。一大老碗捞面，足足有六市两，一般文人等脑力劳动者，一次吃不了一碗，可是从秦岭北麓的南山进城来的推小车、挑担子、背背篓、吆骡子、赶马车、贩运杂品山货的劳动人民，吃上一大碗还嫌不够，再舀一碗面汤，泡进一块自带的锅盔馍，才能吃饱。如果不带馍，有人一顿吃两大碗捞面，一斤二两。大碗面里一般都不放菜，全部是面。调料有醋或浆水、油泼辣子、酱油，所以价钱比较便宜。但是国民党苛捐杂税多如牛毛，四大家族尽情搜刮民财，物价上涨，法币贬值是非常惊人的。例如，1937年，抗日战争初期，一大碗面只卖法币一角钱。1938年，一大碗面涨价到五角钱，1939年涨到8元，1941年上涨到20元，1943年50元，1945年100元，1946年300元，1947年500元，1948年大碗面价值1000元。1949年西安解放前夕，国民党的钞票变成一堆废纸，人民群众自发地使用铜板、银元买大碗面吃。

▷ 大街上的露天小吃

解放前的南城门和城门里与现在大不一样，那时，南城门出入是通过瓮城（即围在城门里的小城）东西开了两个门，东门进，西门出。瓮城南边是一个火神庙，城楼上住的国民党城防兵。南城门里，是五米宽的小石头子路面，即现在南门里花园中间，路长约20米。北端和现在的书院门、湘子庙街、南大街南端构成南门什字。（南门瓮城如今尚存，东、西城门封闭。）

抗日战争至西安解放，南门里有两家面店卖大碗面。在解放前，这种面店是城市里最低等的饭馆，可这是广大劳动人民的饭馆，最受人民欢迎。一家在路西，一家在路东，在路西的这家叫马家面店，店主人叫马永吉，是蓝田县汤峪镇马家原村人。马师傅自幼家境贫寒，村里谁家过个红白喜事，他乐于帮厨，后经亲友介绍，就在这家面店当伙计。抗日战争中期，他的师傅改做其他生意，这家饭店就由他继承下来，租得两间门面土木结构二层楼房，扩大经营，下面是店堂、锅台炉灶，楼上接待客人住宿。他既是店主人，又是厨师，自己参加劳动，下面、捞面。雇用了一个烧火的，一个跑堂的，全店就三个人。这在半殖民地半封建的旧中国，算得一家典型的饮食业小作坊。

《南门里的大碗面》

❖ 黄典文：蒲家馄饨质量高

馄饨馆的经营范围，是以馄饨为主，附有葱花大肉油酥饼、关中风味臊子面，还有炒菜、酒类，有时还做"包席"生意。

蒲记馄饨馆的馄饨，为什么受到顾客的欢迎？其特色是配料讲究，挂牌为"鸡丝馄饨"，实际就是馄饨浇上鸡汤，另加虾仁、紫菜、榨菜丁，调上小磨香油、味精、香菜。抗日战争时期，大青盐比较紧张，他们掏大价买好盐。（当时西安市场上卖的是锅巴盐，有苦味。）酱油醋都是从天生园买的上等货，馄饨皮用的面粉，是在农村加工的特等粉，由郊区铁炉庙村一家信得过的农民按时送到店里。这样配料制作的馄饨，味道就特别香美可口。

抗日战争胜利以后，我几乎每个星期天都要去蒲家吃一次馄饨。由于蒲家馄饨质量高，味道鲜美，经常顾客满座。

其次，蒲志贤在服务态度方面，也特别讲究，对顾客迎进堂、送出店，都是笑脸相陪。顾客进门一杯茶，吃完后递毛巾洗手擦脸。顾客进店不买票，

先吃饭，后付钱。常来常往的熟客还可以赊欠，使顾客高兴而来，满意
而去。

《蒲记馄饨馆》

❖ 郭敬仪：科举的腊汁肉

科举的腊汁肉也很有名气，如果商号来客，能割一盘科举的腊汁肉，
那是一种对客人尊敬的礼貌表现。据说他有百年的腊汁汤，每次下肉，还
有一定的佐料，而腊汁出的肉，总是肥而不腻，肉烂色鲜，香醇味美，红
白相间，五花三层，摆在盘子里，煞是好看，夹在馍内，更是喷香。一样
腊肉，就他驰名。

《旧社会西安东关商业掠影》

❖ 郭敬仪：梁三的羊血，四辈的包子

梁三羊血在东关南街火神庙北边，梁三的羊血冒馍是很有名的，主要
是调料配得好，以麻、辣、油而出名，麻是以西大香胡椒为主，辣是好青
油泼辣椒为主，油用的是腊汁油为主，又能舍得调料，故生意老是红火，
顾主满座，稍去迟就没有了。

四辈的包子，在管家巷口，每天早上八九点钟的时候，一个老汉，名
叫四辈，摆着一笼包子，他只喊两声："包子！包子"买主就围严了，一笼
包子，就这样卖完了。包子的确是好，大肉切成小块，加上大葱作料，真
是香而不腻，他是薄利快销，过时就不卖了。

《旧社会西安东关商业掠影》

❖ 李东阳：羊肉水饺，回味悠长

白云章饺子馆位于东大街炭市街南口东侧，始建于1938年秋，主要经营手工羊肉水饺，也承办饺子宴和各式炒菜，其羊肉水饺调料丰富，制作精细，从40年代起，在西安一直享有盛誉。名厨面点技师白俊泉的面食属河北派，擅长天津风味；其所制作的各种面食，突出清淡鲜嫩，咸香适宜，口味适中，食后回味悠长。

白云章饺子馆的羊肉水饺，是手工包制，独具一格。以调料众多，清香适口、制作精细等特点在西安享有盛名。其馅料是由白云章创始人安氏兄弟研制配料而成：肥羊肉做馅，绞碎拌糊，用花椒、大香、茴香、桂皮、丁香、良姜、白芷、草果等八种调料沏汁拌馅，因白芷去腥，草果启酥带香，故水饺肥而不腻，香而不膻。将浸入调料的糊状肉馅，加入拌好的葱花、面酱、香油及压去水分的鲜菜，制成的羊肉馅，不出水，能成丸。包出的饺子，"薄皮、大馅、小边"，大小均匀。食时佐以熏醋、油泼辣子，一咬流油，醇香扑鼻，属西安饮食业名馔中之一绝。现合并于老孙家饭庄，生意更趋红火。

《原白云章饺子馆》

❖ 陆广毓：北池头村的豆腐

北池头村地处大雁塔东侧，曲江池北岸，所产豆腐多年来为人们津津乐道，是我市有名的豆腐村。如今北池头的村办豆腐厂，以每年加工250

多万斤的豆腐供应城市居民食用。每日，东至灞桥，西达三桥，南到长安，北临草滩的广大区域内更活跃着二三百个北池头村的个体户的豆腐三轮车。人们一见是北池头的豆腐，往往争相购买，夸赞其豆腐是自食和招待亲朋的佳品。

提起北池头村的豆腐，人们首先赞赏的是它与众不同的特色。一般说，一方水土，出一方特产。同样是水，有的甜，有的涩，有的硬，有的软，有的烧开清亮见底，有的煮沸浑浊发白。北池头村的水正具备了甜、嫩、清的优点，加上祖祖辈辈对做豆腐经验的总结运用，所做的豆腐便具细、白、嫩的特点。具体地说，一是煮而不散。一般的豆腐由于承受煮炒能力差，一炒一炖很容易成为碎渣或成为糊状（俗称水化）；而北池头村的豆腐则愈煮愈筋，不散还结。二是浮而不沉。一般豆腐由于凝结松散，做臊子易烂碎沉底；而北池头村的豆腐切臊子大小由之，放到臊子锅里则往往漂浮上面，色、形、味俱佳，引人喜食。

《历史悠久的北池头村豆腐》

❖ **郭敬仪：灶狗的圪塔油茶**

灶狗的圪塔油茶，是东关鸡市拐一种早晨的食品，又营养，又便宜。原在索罗巷口，解放后他的儿子继续经营，现在鸡市拐，领有执照，照常营业。他是祖传，先用大油炒面摇成圪塔，另碗注存，再以面打成油茶，用一种染色的材料叫"天子"上成红色，舀时先舀碗油茶，再放些圪塔，吃时就是香、油可口，有时还泡些大豆，别有风味。

《旧社会西安东关商业掠影》

❖ **杨德魁：**吃西餐，去惠尔康

新中国成立前，在西安市东大街柳巷口西侧，有一个惠尔康西餐馆，是1932年由北京人甄汉臣集资经营开业，临街门面不足两间，前后较深，两层楼房，专营西餐业务，有职工约20人，聘请杨德魁技师担任西餐细点师傅。每天上午8点营业至晚上12点，一时生意兴隆，业务非常繁忙。

当时西安常有美国兵，餐馆的卫生标准都是经过一定手续才给许可证的，美国兵吃西餐只能在这一家吃，别处也没有了，所以生意直至解放前夕，都是兴盛不衰，西安独自一家。

提到当年惠尔康餐馆之所以能兴盛18年而不衰败，其原因主要有三：

其一是制度严格，操作认真。餐馆工作人员一般都是17至18个人，每天上下班营业时间，抓得紧，人人各司其职，从招待顾客到厨间操作，都非常认真，不能随便马虎一点。这样既拉住了顾客，也保住并提高了信誉。只要顾客信得过，肯来光顾，自然生意就兴盛起来了。

其二是选料精细，一丝不苟。餐馆食品好坏，能不能得到顾客好评，与选料精细方面关系很大，决不可以次充好，以劣代优。有一次供应咖啡，做好后急切凉不下来，操作人员投入冰块降温，被发现后，立刻将已配制好的咖啡倒掉，重新制作出售，这样虽然店内损失了一点原材料，但保住了质量，提高了信誉。在那个年代，人们经营企业首先考虑的是信誉质量，能不能闯开局面，而不是赚了多少钱，因为只要牌子闯开了，人人都到你的店来，自然你就可以赚钱了。

其三是职工待遇好，人人乐于积极工作为餐馆做出贡献。原惠尔康餐馆的职工虽仅有十七八人，但在福利照顾上是很周到的，他们集体在骡马

市住有一院房，家庭生活安排得好，职工上班无后顾之忧，可以安心，都真诚为餐馆的兴盛而努力不懈。

《记惠尔康西餐馆的始末》

❖ 郭敬仪：徐仁福的稠酒

东关长乐坊花神庙隔壁，有徐仁福的稠酒。他的父亲，就是卖稠酒出身，到仁福手里，更有进步，到现在已有120年的历史。他有三个儿子，在徐仁福的教导下，都能操作，特别是志忠，由于自个儿的勤学苦练，加之有创新精神，在稠酒内加上黄桂，味道更是香醇。有一次于右任老先生回家扫墓，路经西安，特来徐家品尝稠酒，誉为名不虚传，当即提笔挥写"黄桂稠酒"四个字。新中国成立初期，为了宴请老区将领，要了700斤稠酒招待。周总理、宋庆龄来西安都喝此酒。凡来西安的领导和外宾，都以能喝到西安稠酒为光荣。

《旧社会西安东关商业掠影》

❖ 郭述贤："南华公司吃洋糖"

1934年以前，火车还没有通到西安，那时西安城内最繁华的街道要数南院门了。这里有名商店鳞次栉比，自不待言。当时流传的顺口溜："绸缎布匹老九章，眼镜钟表大西洋，西药器械世界大药房，金银首饰老凤翔，购置鞋帽鸿安祥，要买百货慧丰祥，南华公司吃洋糖。"这就基本上概括了南院门20世纪20年代崛起的几家名店的情况。

南华公司成立于1924年（民国十三年）。这个商店从筹建开业之日起，首先订出一条"信条"是"人无我有，人有我优"，作为制作食品的准则。在建店方面，采取有效措施与同行竞争，打开局面，单筹建费用就耗资近万元。

商店从上海请来几位名师制作上海当时最新式的糕点，该店有自己的作坊，像咸点心、咸饼干、面包、油酥糕点等食品，在西安来说，都是第一次上市，自然成了热门货。特别要提的是制造水果糖。在西安来说是新产品，商店以每月40元硬币聘请一位戴师傅，他带来了手工操作的器械，制作各种式样的水果糖，群众称之为"洋糖"。投放市场后很受欢迎。该商店为了保质保量，一些原料都是从上海进货。

为了给新产品水果糖打开销路，不惜工本，给四五十个小贩每人做一件印上广告的背心，发一把摇铃、一个盒盘。在每个盒格里装上各色水果糖（洋糖），又在盒盘的两边钉上环子，拴上带子套在脖子上，一手托着盒盘，一手摇铃串街游巷叫卖。规定当天取货，卖完付款，不结账，不发货，并给予优惠。小商贩在大街小巷、城内城外，甚至到附近乡镇、外县赶庙会、赶集市。一方面卖糖，一方面做宣传。这样一来，生意越做越红火，"洋糖"供不应求。

《南华公司吃洋糖》

第六辑

看剧观影听秦腔·
流光里的百姓生活

❖ 苏育生：三秦父老的最爱——秦腔

秦腔最早产生于陕西，后又广泛流播于甘肃、青海、宁夏、新疆等地，它是陕西乃至西北人民最喜爱的文化活动。三秦父老乃至西北人民，不仅视秦腔为最基本的文化活动，而且也借以表达其喜怒哀乐，寄托其思想感情。因此，可以这样说，是陕西这片肥沃的大地哺育了秦腔的生命；而秦腔一旦形成之后，又成为三秦父老（包括西北人民）不可或缺的精神寄托。

人们之所以称它为"秦腔"，是因为在陕西这块土地上，原始社会存在过秦部落，春秋战国时有过秦国，后来秦始皇又在这里建立了我国第一个封建时代中央集权制的秦王朝。于是后来人们习惯地把陕西简称"秦"，把陕西人叫"秦人"，用陕西话说话唱歌叫"秦声"，自然就把在陕西土生土长的戏曲叫"秦腔"了。清代戏剧家李调元说秦腔"始于陕西，以梆为板，月琴应之，亦有紧慢，俗称梆子腔"。从这里可以知道，秦腔是一种雅称；而梆子腔则是秦腔的俗称，因用梆子击节而得名。

和我国其他戏曲一样，秦腔是在陕西民间音乐和说唱艺术的土壤中孕育、成长、发展起来的。陕西自古以来就具有悠久的文化历史传统，周、秦、汉、唐在这里创造了我国古代文明，特别是唐代的长安，更是荟萃了文学、音乐、舞蹈、美术、书法等各种艺术领域的精华，在我国历史上闪耀着灿烂的光芒。这种优秀的文化历史传统，既给了民间音乐和说唱艺术发展以充分条件，同时也使秦腔从中吸收了丰富的营养，从而促进自身的发育和成长。

《秦腔发展简说》

❖ 苏育生：易俗社，旨在移风易俗

当进入20世纪以后，面对清王朝的日益顽固和腐朽，一批具有资产阶级民主思想的有识之士，鼓吹民主和自由，宣传开民智、兴实学，以求得中国的进步和富强。提倡改良戏曲，则被当作影响人心风俗必不可缺的手段，如有人说："剧也者，于普通社会之良否，人心风俗之纯漓，其影响为甚大也。"陈独秀径直指出："戏馆子是众人的大学堂，戏子是众人的大教师。"在这种思想舆论指导下，1904年上海率先创办京剧理论刊物《二十世纪大舞台》，"以改革恶俗，开通民智，提倡民族主义，唤起国家思想为唯一目的"。京剧改良运动在全国各地产生了很大影响，陕西易俗社的成立就是与这种影响分不开的。

▷ 易俗社创始人李桐轩

易俗社的创始人李桐轩、孙仁玉等，都是具有民主思想的资产阶级知识分子，他们最早受到改良戏剧的思潮影响，通过兴办普通民众喜欢的新的戏剧团体，达到开发民智、富国富民的目的。而辛亥革命的成功，使他们这一梦想得以实现。1912年易俗社正式成立。《易俗伶学社缘起》中提到："戏剧之于社会，为施教育之天然机关。爰结斯社，取名易俗，意在移风易俗。"在其后的几十年间，易俗社始终"以编演各种戏曲，辅助社会教育，移风易俗为宗旨"。作为体现新型戏曲团体的核心，易俗社十分重视编写剧本，戏曲教育，培养人才，30年来取得了突出的成绩。

易俗社有一批专门编写剧本的编辑——现在叫剧作家，有30多人；其中从事时间长，编写剧本多，剧本水平高，演出影响大的，至少也有十几位。范紫东、孙仁玉、高培支、李桐轩、李约祉、吕南仲、王伯明、封至模等，则是易俗社作家群体中的佼佼者。据统计，在易俗社成立之后的30多年间，共编写大小剧目500余种。其影响较大，流传不衰的，有范紫东的《三滴血》《三知己》《软玉屏》《颐和园》；孙仁玉的《三回头》《枪中缘》《看女》《白先生看病》；高培支的《夺锦楼》《人月圆》；李桐轩的《一字狱》；李约祉的《庚娘传》《韩宝英》；吕南仲的《殷桃娘》《双锦衣》；封至模的《山河破碎》《还我江山》等。易俗社的戏，由于剧作家在思想上、学识上、艺术趣味上有许多共同之处，因而形成了明显的共性和风格。其表现在：（一）题材广泛，为秦腔剧本开拓了新路。不仅有大量古代历史题材的戏，还有不少近代历史题材和反映现实生活的时装戏，也有一些外国题材的剧目。（二）内容丰富，有鲜明的思想倾向、教育功能和时代感。大多宣扬爱国主义、民主思想，提倡科学民主、婚姻自主，反对封建迷信等。（三）大戏明显受到明清传奇的影响，结构宏大奇巧，情节复杂乃至离奇，有较强的艺术感染力，而小戏则大多取材于现实生活，生活气息浓厚，富于喜剧色彩，有亦谐亦庄的艺术效果。（四）剧本文学性较强，唱词优美，语言鲜活，雅俗共赏。当然，由于时代和作家思想的局限，有些剧本也存在着陈旧的历史观点和思想意识。

易俗社在开办之初，就聘请了名演员陈雨农、党甘亭、赵杰民、李云亭、刘立杰等，作为专职教练，培养学生，排练新剧目。30多年间，易俗社共招收了13期学生，培养了一大批著名演员。在早期演员中，以刘箴俗为代表，包括刘迪民、沈和中、路习易、苏牖民、马平民、刘毓中、王安民等，形成了一支行当齐全、朝气蓬勃的演出阵容。特别是刘箴俗，在武汉演出《青梅传》《黛玉葬花》《蝴蝶杯》《女大王》，光彩动人，轰动三镇，被誉为"东梅（兰芳）西刘（箴俗）南欧（阳予倩）"。在中期演员中，以王天民为代表，包括耿善民、康顿易、王秉中、李可易、汤涤俗、雒秉华、宋上华、杨令俗等，组成了新的演出群体。特别是王天民，被评为"菊部春秋"。他演出的《柜中缘》《蝴蝶杯》《咏梅》成为他的"撒手锏"。两次赴北平演出，被誉为"秦腔梅兰芳"，并兼有"砚秋之端丽，慧生之娇媚"。易俗社的表演艺术，由于受到严格的指导和训练，形成了独特的风格：（一）以易俗社剧目为核心，形成了一代又一代演出群体，始终以旦角领衔，多为生旦戏。（二）在音乐唱腔方面，注重对传统唱法的改革，不时有新创唱腔，给人以清新、委婉的感觉。（三）演员的表演，在秦腔传统的基础上，较多地吸收了京剧的表演手法，显得淡雅平和而细腻，整个舞台演出精益求精。（四）改革排演制度，重视导演的作用，改变了一般江湖剧团口授心传的旧习，保证了演出的严肃性、完整性和演出质量。

易俗社成立以后，受到社会广泛关注，产生了巨大影响。1920年，教育部向易俗社颁发了"金色褒状"，奖励其编写新剧目成绩丰富。1924年，鲁迅在西安讲学时，先后五次观看易俗社演出，并拟题"古调独弹"，制成匾额赠送易俗社，还捐赠50大洋表示支持。20世纪20年代初，易俗社赴武汉演出，30年代两次赴北平演出，让世人知道陕西尚有实力如此雄厚的易俗社，扩大了秦腔的影响。

《秦腔发展简说》

❖ 雷震中：易俗剧场，西安最早的新型剧场

远看一堆柴，近看是戏台。

一声锣鼓响，"叫花"跑出来。

这首诗是对旧戏班在芦席搭的戏台上演出和旧戏班"行头"破烂不堪的情景写实。过去的确就是这样的。农村神庙的"戏楼"，虽说雕梁画栋、五脊六兽，壮观威然，较历史上的"勾栏""草台"有了发展，但也仍是台上房下演，观众露天看，晴天开锣，雨天停演。像易俗剧场演员、观众均在室内演、看，风雨无阻的剧场，当时在西安还算独一无二的新型剧场。这座剧场是1916年陆建章所建。初建规模宏大，除现在剧场外，东侧还盖有两层木式花格"转角"楼。这楼是官僚、太太、小姐休息处，楼和剧场有天桥，可供进入剧场观剧之便。这座剧场建成后，由汉调二黄戏班女坤伶，艺名"筱金红"演出。剧场名"宜春园"。1917年6月易俗社有陆尚友堂（原系旧军阀陆建章所制之房屋），除"宜春园"戏园，可容观众千人外，还有关岳庙前房产两院一并买到。由社长高培支经管修缮，又加了"转台"，"易俗社大转舞台享名西北"。所谓"转舞台"，即台中心有圆形木盘，下有木轴承，用时由十多人推着运转，适用剧中表演行舟、换景，过去一转，还要抬高票价。例如演《关羽之死》，当演到《单刀赴会》一折时，即造成画面，大转舞台，增强戏曲效果。当时因修缮超支过大，负债过多，高培支引咎辞去社长。从此易俗社就将"宜春园"变为"易俗剧场"，并由督军陈树藩为剧场前门题字——易俗社。

1935年在社长胡文卿向杨虎城申请资助下，由封至模主持仿北京样

式又将该剧场进行改建，除池所外，有东西侧楼，楼分飞檐楼所，设有单椅排座，飞檐楼所上边有单间包厢，专供部分观众高价包厢观剧。除东西侧楼外还有后楼（即北楼），除设有前排单椅座位外，后边还设有高凳可坐人（为义务座，专供演职员家属或兄弟剧社看戏）。当时的池所实行对号入座，两侧边座有栅栏，可售站票800余。这次修改中，除换汽灯为梅花电灯、电扇，还在台额上装了彩色玻璃花灯，每当名演员王天民出台即大放玻璃灯以烘托气氛，赢得观众"满堂彩"。彩灯下还镶有当时教育部给该社编演新剧目的金色褒状。这个修建后的剧场成为当时西安第一流，给观众以新颖美观、舒适雅洁的感受。嗣后重要集会或剧界联演堂会即租此剧场。

1924年7月15日至20日伟大的文学家鲁迅来西安讲学期间，曾在这里观看过《大孝传》《双锦衣》前后本；1936年12月11日晚张学良、杨虎城就在这里安排了晚会，拟借观剧之机捉蒋，因蒋未来，才于12日发兵临潼华清池实行兵谏。最近西影厂拍《西安事变》还把这个剧场作为当时历史事实，装饰原貌拍成电影；1937年10月西安地下党组织，就在这个剧场集会，纪念鲁迅逝世一周年，邓颖超同志发表了讲话，当时在西北大学任教的曹靖华参加；1938年丁玲带领的"西战团"就在这里演出了宣传抗日救亡的节目；1949年5月23日晚，西安刚解放第三天，贺龙、王维舟就和解放军在这个剧场观看了易俗社演出的《吕四娘》。当戏进行到吕四娘杀了雍正时朗吟"我是满腹抱不平，吐气如长虹。上山擒猛虎，下海斩老龙"时，贺总带头鼓掌叫好！1949年延安评剧院元和等亦在此剧场演出了《北京四十天》《鱼腹山》等革命历史剧；易俗社几十年就利用这个剧场演出了数百本移风易俗、反帝、反封建、反迷信辅助社会教育的好戏。

《西安最早的新型剧场——易俗剧场介绍》

❖ 雷震中、王蔼民：鲁迅在易俗社看演出

1924年7月，鲁迅先生和北京师范大学教授王桐龄、东南大学教授陈钟凡、南开大学教授陈定谟、北京大学理学院院长夏元瑮等十余名学者应西北大学校长傅铜之邀请到西安讲学，同行的还有《北京晨报》记者孙伏园、北京《京报》记者王小隐等人。据北京晨报记者孙伏园先生回忆，鲁迅先生从临时政府起到1925年的这段时间里，曾在北京教育部担任佥事、科长等职，主管社会教育工作。戏曲在当时也属于社会教育范畴。1920年11月，易俗社给教育部呈报自编剧本85册，《易俗社最近办理状况》一册，曾获教育部通俗教育研究会奖励。因此，鲁迅先生来陕前，就对易俗社有所了解。他到西安不久，就应邀去易俗社观看演出，并很有风趣地带着初学会的陕西口语对孙伏园说："张秘夫（即张秘书，长安土语把秘书的'书'字念作'夫'音）要陪我们去看易俗社的戏。"鲁迅先生看易俗社的首场戏是吕南仲先生编写的《双锦衣》上下本，连看两个晚上。《双锦衣》系易俗社优秀保留剧目，属爱国教育类，内容健康，情节曲折，很得鲁迅赏识。加之吕南仲先生也是浙江绍兴人，与鲁迅先生是同乡，言谈方便。鲁迅先生评价吕南仲先生："绍兴人编写秦腔剧本，并在秦腔中落户，很是难得。"1924年8月13日，是易俗社成立12周年，鲁迅先生深有感触地对易俗社领导成员和随行同仁说："西安地处偏远，交通不便，而能有这样一个立意提倡社会教育为宗旨的剧社，起移风易俗的作用，实属难能可贵。"他还亲笔题词"古调独弹"四字，制成匾额一块赠给易俗社。匾额上除以周树人的名字署名外，还有同行的各位学者。鲁迅先生在西安期间，除观看《双锦衣》外，还于同年7月先后两次看了易俗社的《大孝传》全本和《人月园》全本。8月3日，鲁迅先生与同行返京前夕，陕西省省长刘镇华邀请他们去易俗社赴

宴饯行。鲁迅先生平素是不屑于参加这种繁文俗礼的，但因他对易俗社颇有好感，因此欣然赴宴。宴会别开生面，摆在易俗社的剧场内，舞台上由易俗社主要演员刘箴俗等演出精彩节目，台下除宾客外，就只有主人十多人，再无别的观众。宾主一边畅谈、一边就餐。那时候，演员们都很喜欢鲁迅先生的为人，他们都以兴奋的心情和严肃认真的态度参加演出，并不因为台下观众寥寥无几而懈怠。鲁迅先生面对此情，格外激动，他和孙伏园先生各将讲学金50元捐赠易俗社，并说："讲学金取之于陕，用之于陕。"鲁迅先生以易俗社同仁，能站在平民的立场，联合艺人，改良旧戏曲，推陈出新，征歌选舞，写世态，彰前贤，借娱乐以陶情，假移风而易俗，唱功精湛，编述宏富，因题曰"古调独弹"于褒扬出新之中，寓有规劝之意。可惜，我们的早期学生领会这种精辟含义不够，有负盛谊。更为遗憾的是，鲁迅先生亲笔所题匾额，由于保管不善，被日寇轰炸灭迹，未能保留至今，只剩拓片尚在。

《回忆解放前的陕西易俗社》

▷ 鲁迅为易俗社题的词

雷震中："西京梅兰芳"王天民

在秦腔艺坛，46年盛名不衰的王天民，乳名天贵，陕西岐山人，1924年考入原陕西易俗社第六期，初习小生。教练党甘亭以其声音清朗，姿容妙曼，为刘箴俗之后仅见之才，乃令改习花衫，专工闺阁。初出台演《柜中缘》，一鸣惊人，不同凡响。嗣后，每当他出台，座位为之拥挤。可谓继名旦刘箴俗之后，12岁即成为轰动西安的易俗社台柱子。正如骊樵文评："易俗社成立二十年，优秀学生层见叠出，颇极一时之盛，就花衫而论，第一期以刘箴俗为中心，第二期中心人物非王天民莫属焉。天民工于揣摩，善颦善笑，能将女儿身份，女儿心事，细细传出，且力矫秦腔做工粗俗之习。所演各剧，细腻大方，别开生面。外来人士，比到西安，莫不以先睹为快。"他在闺阁技艺上造诣至深，观众赞誉为"西京梅兰芳""杨妃再现"。他那"许翠莲好羞惭，不该在门外做针线……"的清脆唱腔，几十年来，在街巷、田间被人们仿学传唱。

王天民一生演出的剧目和创造的人物，无论历史的和近代的，都给观众留下了深刻的印象，如他饰演的《蝴蝶杯》中的芦凤英，《柜中缘》中的许翠莲，《杨贵妃》中的杨玉环，《淝水之战》中的谢道韫，《夺锦楼》中的钱瑶英，《黛玉葬花》中的林黛玉，《颐和园》中的赛金花，《三知己》中的王素云，《盗虎符》中的平原君夫人，《宫锦袍》中的李鸿章女儿，《还我河山》中前本梁红玉、后本岳夫人等，或端庄持重，雍容雅致；或轻盈浮荡，娇巧玲珑；有的气壮山河，威武凛然；有的工雕细腻，悱恻缠绵，各具特性，无不见好。他的唱腔珠圆玉润，行腔自若。有人著文形容："鹂声谷鸣，裂帛清脆。"他在表演上严谨规范，入情入理，尤其感人的是他的哭、笑技巧。他表演林黛玉和许翠莲受屈伤感时，未雨先绸缪，未哭先垂眉撒嘴，再合眼抽泣，然后哭出声来。他表演的"哭"，那么的有根有梢，有因有果，有起有落，真有感人肺腑、催人泪下的艺术魅力；他表演的"笑"，那么的真实含蓄，甜媚耐思。他的笑技，早已脍炙人口。他在《入洞房》一剧中，几次展现人物心绪变化不同的"媚笑""喜笑""痴笑""怒笑"，可以说使他笑得得到充分的发挥，形成了表演艺术上的善颦善笑，缠绵细致。正如徐悠汀评："来到西安，看了王天民的戏，从扮相的艳丽，嗓音的甜圆，唱功十分柔媚自然，做工撩人心弦，的确和玲珑活泼的荀慧生有异曲同工之妙。能和王天民一样的臻于妙造自然的旦角竟寥若晨星。"封至模评："王天民擅长闺阁旦，扮相得一个腻字，身段得一个娇字，唱功得一个柔字，做工得一个细字。脱尽秦腔火气、豪壮之俗。"王天民有着自己的特殊流派和风格。凡是看过王天民在《入洞房》中几个不同感情的"笑"，都感觉是"媚"而不俗，恰如其分地揭示了芦凤英这个宦门闺秀的性格。他发挥了"笑"技细腻，善于刻画人物的艺术作用，他的"笑"是具体心情的表露，而不是卖弄，所以在艺术上产生了感人的魅力。而这种高而深，细而精，浓而不烈，炉火纯青的表演艺术，绝非一蹴而就的。

▷　王天民《还我河山》剧照

王天民其所以有如此声誉和成就，除个人的勤奋和聪颖外，是与他1932年和1937年两度赴北京演出时受到梅兰芳、尚小云、程砚秋等京剧名旦的具体指导分不开的。梅、程、尚亲看他的演出，请他到家里做客谈艺并赠送剧照书画，不仅赞扬王艺术作风严谨，待人笃厚，还在服装、化妆上也给予指导，使秦腔旦角传统的贴人字形鬓、戴玻璃串珠条子、顶彩帕等比较简单的化妆改为贴旁鬓外，加贴"额发花"（即"小窝"），戴钻石点翠"行头"。经尚小云的指导，天民果然异于往常，台下多以坤伶疑之，十分赞赏。从此变秦腔化妆粗鄙简陋为细雅秀丽，琳琅华美，秦腔旦行化妆的改进史自天民始，王天民的艺声夺魁亦由此升华。

《腻娇柔细　闺阁楷范——王天民表演艺术综述》

❖ 杨文颖："嗓子绝好"的耿善民

耿善民（1912—1942），乃易俗社第六期特优艺员，走红于20世纪30年代前后，大名鼎鼎，颇著人望。我童年时看过他的戏，听过他的唱片，也常在一些名牌照相馆的橱窗前流连忘返，观赏他独具魅力的大幅剧照，实属我心目中的戏剧偶像，往后若干年，还断断续续听到看到许多行家识家对他的赞誉评说，大有"诗人早慧"之慨。前辈剧史家王绍猷先生在《秦腔记闻》中简介："初演《优孟衣冠》饰楚庄王，一鸣惊人。《长生殿》之唐明皇，《战淝水》之谢安，风流潇洒，神韵别致。饰龙逢、比干、左光斗、诸人，慷慨悲歌，风云变色。尤长时装，饰《颐和园》《宫饰袍》之李鸿章，《吕四娘》之雍正，仿古传真，恰似本人。"前辈戏剧家封至模先生在其1934年《陕西四年来之戏剧》一文中评论："耿善民作风台步，迥异畴昔……确已脱尽秦腔之粗俗气，尤以饰历史名人为擅长。老派决不可及。"与耿善民年岁相仿的秦腔名票薛德中先生曾语重心长向名须生雒秉华进言："你不要太使劲，多看看人家善娃（耿善民乳名）的路数。"与耿善民同龄今犹健在的秦腔名票施葆璋先生也对其赞赏有加，以为："舒展飘洒，空前绝后。"某次，一些晚生后学向"衰派老生一绝"的刘毓中先生提问："'活周仁'雏秉华到底咋样？"刘老明确表示："嗓子绝好！"又问："'活岳飞'耿善民呢？"刘老激赏："大把式么！"可谓言简意赅，切中鹄的。易俗社之外的其他艺界名宿，对于耿善民，也都异口同声，心悦诚服。

易俗社当年去北京演出，耿善民同样大获好评，《全民报》对其扮演《人月圆》之尹子杰，劝外甥柳小卿的做工念白赞曰："形容深刻，痛快淋漓，最精彩解人颐。"《民治报》对其所演《三娘教子》的薛保赞曰："扮相苍老，歌言激昂慷慨，做派淋漓尽致。"《还我河山》更是如《大公报》所言，"轰动九城"，并获誉"活岳飞"。

▷ 耿善民《还我河山》剧照

1934年，上海百代公司来西安为秦腔首次灌唱片，耿善民众望所归，当然人选，其《谢安游山》和《四郎探母》风靡一时，其时西安观众中甚至有"捧耿团"之谓，这在秦腔历史上是不多见的特殊景观。

《耿善民与杨天易》

❖ 王思智：剧坛红剧《娄昭君》

《娄昭君》是三意社自己编演的一出大型传统剧，由著名秦腔改革者李逸僧先生排演，苏哲民在戏中饰演魏明帝。剧情是由于胡太后专权乱政，魏明帝大权旁落。后来，胡太后与郑俨、徐纥二奸臣密谋，要毒杀魏明帝父子。在一阵紧锣密鼓之后，紧接一出《逼宫》的戏。由于前边的铺垫，观众的注意力这时已集中到魏明帝父子的命运上。只听后台远处传来悲切如泣的呼叫"皇——儿——""父——王——"声。苏哲民在这里处理得不一般，为造成"沉寂深处听惊雷"的剧情气氛，其呼叫声由低到高，由短到长，由弱到强，并且多次重复，一次比一次悲切，一声比一声揪心，活现出一位慈父急找爱子的悲痛意境。演员尚未出场，戏已是满台。后在"三压"锣鼓点的烘托下，魏明帝父子惊恐上场，到台口豁然亮相，然后哀声起板"——唉！皇——儿——""自那晚下密诏心神不爽"这一句似惊雷一声炸，把一时阴霾沉闷的舞台气氛，骤然转变为慷慨激愤的血泪控诉："不能召长乐王仔细商量。孤年幼父晏驾社稷难掌，恨母后握大权独霸朝纲。宠郑俨和徐纥狐群狗党，终日里贪淫乱败坏纲常……"这一大板乱弹共有30多句，没有精湛的唱功，是很难一气唱下来的。即使勉强能一曲到底，也会在声调、吐字、音韵上出现纰漏。但苏哲民一句一个音色，一腔一个格调，韵律和谐，运用自如，唱得有声有色，说明他嗓音高、低、宽、窄兼美。尤其后边在唱到十数句排比的"欺寡人……"时，更是高屋建瓴，花腔繁出，处理得"揉敛""奔放"。有时上音还似小河潺潺流水，下音又像大瀑布一泻千里，痛快淋漓，美不胜收。有人说："听了苏哲民的这一板乱弹，给个花媳妇也不要"，"真是美扎了！"

据说三意社自民国四年（1915）成立后，一贯以"旦角"为"台柱"，其余角色多如众星托月（即所谓的"一旦挑八角"），围着"旦角"转。剧社营业的盛衰，也要以"旦角"的强弱而浮动。名生苏哲民扭转了这一现象，初是"生""旦"平分秋色，自从这出《娄昭君》后，"生角"变为"台柱"，"旦角"围着"生角"转了，这也说明《娄昭君》确为震动一时的剧坛红戏。

《秦腔名生——苏哲民》

❖ 阎敏学：李正敏跳墙救场

民国二十七年（1938），是西安三意社的灾难年。由于社内的种种矛盾，前社长耶金山被迫自动卸任，并登报声明与三意社脱离关系。苏哲民、苏育民兄弟亲自主持社务。6月间演员队伍又发生分化，阎国斌、刘光华等一批大学生拉出一些演员另组班社，成立集义社。由三意社拉出的著名演员有杨金声、晋福长、王宝兰、任水泉、田玉兰、雏福生、陆顺之、王庆民、王庆林、李益中、郭毓中、屈振华、田玉堂等，大都是三意社的台柱子。鼎盛一时的三意社，骤然跌落下来，岌岌可危。苏氏兄弟咬着牙苦撑江山，四处求援，支持社务。秦腔名伶李正敏为帮苏氏兄弟渡难关，还闹出一段佳话。

一天，三意社挂牌："李正敏、苏育民今晚演出《五典坡·别窑》。"票房早就售完门票。傍晚苏育民早早上台化妆，直到开演前尚不见李正敏到来，派人四处寻找，不知去向，急得苏育民直跺脚。

原来是耶金山想出怪点子要教训年轻气盛的苏氏兄弟。他见李正敏要帮苏家一把，就在家中备好酒菜，后晌去请李正敏赴宴。李正敏对这位耶老兄的盛情表示谢意，声明晚上有戏不能饮酒，要求"改日奉陪"。怎奈耶金山一把拉住不放手，表示"只小饮几杯，不影响你今晚演出"。李正敏执拗不过，只好跟着来到耶家，一进耶家门便见到七碟八碗摆了一桌，盛情难却，勉强陪饮。酒过数巡，李正敏见到天色已晚提出告辞，可耶金山笑而不答，只执壶频频劝酒。这时夜幕降临，开演时间快到，李正敏心急如焚，只是不得脱身。耶金山见李坚意不再举杯，便推说要去如厕方便，离席出门而去。李正敏见耶出去，就想趁此逃席，谁知将房门一拉，发现门被锁了起来。这一下急坏了李正敏，出了一身冷汗。顿时醒悟到耶氏请酒分明是报复苏家兄弟，而自己若误了今晚的演出，如何对得起朋友，急得在屋中左转右看，好容易发现窗户未闩，便跳窗而出，到了院中又缘树跃墙，离开了耶家，一路小跑来到三意社。苏育民正焦急地来回打转转哩，一见李正敏一把拉住："李哥，你咋这时才来……"李正敏一看时间刚好，说："一言难尽。赶紧帮我上妆，开锣，戏完了我再给你详说。"戏演完后，李正敏简略叙述了经过，苏育民一揖到地，伸出拇指说："李哥真够格！"

《李正敏跳墙救场》

❖ 马宏智：不寻常的联欢会

过去戏班，每到年终散班时，除了总结全年的活动以外，还要来一次大联欢。按行话叫作"大反串"。"反"是正的反面、反串，必然是颠倒的意思，也就是把演员的行当打乱。你是唱旦角的反扮小生，我是唱花脸的反演小旦，他是唱须生的反演青衣……总之，在一出完整的节目中，戏中人物的扮演者，都不是自己的本行。

因为一反常态，演员觉得十分新鲜，大都认真做戏。当然，有演的出人意料的，有装而不像的，也有丑而不俗的。这样的戏，多少有些喜剧、闹剧的味道。票房价值，往往很高，有时也博得观众的喝彩声，给人留下美好的回忆。

大反串演出，从提倡演员"一专多能"，向横向发展的角度来说，还是有可取之处的。

《文化娱乐习俗》

❖ 隋式棠：易俗社里的京剧演出

西安解放前几年，我多次去易俗社看日场戏，见其最后一出皆为京剧武打折子戏，大惑不解；秦腔班社为何演起京剧来？历访艺苑长辈，始知个中究竟。缘易俗社创建初期就曾邀皮黄伶人入班演出，以后又聘著名京剧武生府虎臣指点学生练功。由于陕人不惯京剧，不久便辞退了京伶。1921年该社赴武汉公演，当地人疏于秦腔，上座率极低。社方在大力宣传秦腔的同时，又着唐教练给学生排了一些京剧武打折子戏夹杂演出，始打开局面。久而久之，遂成定例。当时该社经常演出的《艳阳楼》《金钱豹》《恶虎村》《趴蜡庙》《挑滑车》等，短小精悍，不逊于我曾在北京看过的许多京剧班社。

《易俗社演京剧》

❖ 苏育生：陕甘宁边区民众剧团的演出

20世纪30年代末，在陕北革命根据地，成立了陕甘宁边区民众剧团，柯仲平、马健翎先后任团长。它的宗旨是："采取旧形式新内容之手法，改进各种民众艺术，以发扬抗战力量，提倡正常娱乐。"从成立之日起，民众剧团坚持下乡为群众演出，演职人员唱着"你从哪达来？从老百姓中来。你又要往哪达去？到老百姓中去"的团歌，跑遍了边区的山山沟沟，一直活跃在老百姓当中，充分发挥了教育人民、打击敌人的战斗作用。马健翎是团长，又是剧作家，他创作的现代戏，特别是代表作《血泪仇》《穷人恨》《一家人》等，紧密结合当时的形势要求，抓住广大群众最关注的焦点，利用群众喜闻乐见的秦腔形式给予艺术化的表现，具有强烈的时代感和艺术魅力。他被授予"人民群众的艺术家"的光荣称号。在陕甘宁边区，还有以演秦腔为主的七月剧团、关中剧团、关保剧团、关中八一剧团等，活跃于广大群众中间，为抗日战争和人民解放战争做出了积极的贡献。

《秦腔发展简说》

❖ 马宏智：轻便灵活的木偶戏

至新中国成立前，西安户县的木偶戏班约有20余个，活跃在渭河两岸。其中影响大的要数宋村何耀先家的炉客头班、二班，北街武家的"死娃腿"家戏，还有柿园王三家戏、西宋村合乐社、杨家滩的同艺社、谭家滩的同乐社等，艺人达二三百人。

木偶戏的表演形式种类很多。现流行全国的有提线木偶、布袋木偶和杖头木偶三种。陕西省除了渭华一带的线胡以外，多属杖头木偶。

杖头木偶因手杆装置不同，又分为内操纵和外操纵两种。前者的手杖装在衣服里，体态近似真人，后者的手杖露在衣服外边。户县的木偶属于前者，轻便灵活，变化多端，极富情趣，深得群众喜爱。

木偶小戏，也是综合性艺术，它将造型、雕刻、音乐、舞蹈、灯光、文学剧本和表演等多种艺术形式融成一体，既具想象能力，也富浪漫色彩。为演、唱、奏各种专长的艺术家提供了广阔的艺术天地。一台好戏，要全班演职人员的互相配合，在技术上必须精益求精。操纵表演木偶，是一项高超的艺术，非经严格系统的训练，不能胜任。好的要手不但要了解戏本中的历史背景、地理环境，而且要体会人物的性格、内心活动，只有体察入微，才能表演得活灵活现，生动感人，富有艺术生命。

哪里唱戏，哪里就热闹起来了，乡民竞相前往，挤得熙熙攘攘。风味小吃、瓜桃梨枣的叫卖者，也蜂拥而至，显得十分热闹。特别是演对台戏，一个广场，两个戏班，争奇斗胜，均以最好的演员，开拿手好戏，吸引观众。你唱《长坂坡》，我就唱《火烧连营》；你演"葫芦峪"，我就演"三气周瑜"，你开"早一本"，我就"一天不落台"。有时还搬兵调将，组织力量。常常是笑声阵阵，掌声雷动，有时鞭炮连天，挂彩披红。这些场面和趣事，往往给群众留下深刻的印象。

《文化娱乐习俗》

❖ 穆仰贤：电影初放，轰动全城

解放前，西安有几家电影院，除明星、西京、陪都、银汉、新民等院外，较早的有阿房宫、民光电影院，比较迟一点的是宝珠电影院。这三个电影院都集中在南院门附近，位于竹笆市北口的阿房宫电影院，其建筑为半宫殿式，布局新颖，座位舒适，选片多系外国影片公司出品，是当时西安早期唯一的高级电影院。楼上楼下票价一律二角五分，每日三场，晚9点散场。从1932年6月19日开幕，直至今日，照常营业。

阿房宫电影院，是古城首先兴建的影院，缘起于1931年间，由当时文艺界知名人士周伯勋倡议创办。鉴于西安群众文化娱乐生活的需要，他同戏剧界好友武少文、封至模谈及想开设电影院的事，后来又约请了几位好友一块商谈，得到大家赞同后，周伯勋就请他父亲周凤兰出面设计办院。其父也早有此意，就将自己竹笆市私宅地作为院址，集股筹资，即以秦代著名大建筑阿房宫为电影院命名。门面设计为半宫殿式，两边竖起两根朱红大柱，盘上两条金龙，龙口镶进灯泡，门脑安装一颗大型彩珠，形成双龙绕柱腾空戏珠的壮观势态，白天好看，入夜龙口灯光灿灿，更为夺目。工作人员对于这一新兴的电影业分外经心，建院工作当年顺利完成。

1932年春，从上海请来放映人员和发电工人。6月19日，在一片欢腾

▷ 阿房宫大戏院在报纸上刊登的广告

▷ 阿房宫大戏院股票

声中，阿房宫电影院举行了开幕式。会毕，放映了由上海运到的《故都春梦》《野草闲花》《恋爱与义务》三部影片。电影初放，轰动西安金城。

《南院门几家电影院》

❖　马宏智："看了灯影戏，两口子不着气"

皮影戏，西安户县人称"灯影戏"，它很早已普及到全国各地。西安地区作为这一戏剧形式的发源地，郊县农村更是广泛流行。民间歌谣说："看了灯影戏，两口子不着气。"说明灯影戏在群众中有着广泛和深厚的基础。

灯影戏，是利用光线的照射和绘画雕刻工艺的巧妙结合而发明创造的一种用影子表演故事内容的独特民间艺术形式。道具简单，携带方便，不论山区平原、村镇场院，"一张桌子几页板，撑起亮子（影布）就能演"。音乐细腻，唱腔幽雅，能演唱许多悲欢离合的故事。据说这一演唱形式是由说唱艺术发展而来。演员起初只需三五人，一人操纵皮影（耍签），并包唱生丑净旦各腔，余为乐器伴奏。灯影戏，有它自己的剧本、唱腔和音乐。它没有受过宫廷的影响，因此，始终保持着质朴自然，富于村野气息的民间情调。户县孙姑村"油客家的碗碗腔"，就是从主奏乐器——月琴、"灯头"和一副名曰"呆呆子"的枣木板发展而来。清代后期才吸收了秦腔中的二胡、板胡和打击乐。不用说，它的唱腔自有独到之处。

民国时的户县小戏班，多是木偶、皮影一套班。白天开木偶，晚上把亮子布置起来又演灯影戏，且多以秦腔取代"老腔土调"，以致某些可贵的遗产不免丢失。

《文化娱乐习俗》

❖ 葛晋卿：珍珠泉浴池，极一时之盛

"珍珠泉"是山东济南福安公司投资的直属企业，在当时为西安浴池业之冠，设备、规模以及管理诸方面均属第一流。该池以济南著名浴池"铭新池"为样板，而济南"铭新池"规模宏大，设备先进，尤以优质服务驰名南北，为全国浴业之佼佼者。

珍珠泉创办伊始，一应设备甚至毛巾、痰盂、茶具均系济南供应。所有工人，包括电工、木工亦莫不是清一色从山东招聘而来。当时建筑设备如暖气、盆塘以及豪华单间等，除西京招待所等少数单位外，甚为少有，珍珠泉设备堪称一流等级。所以达官显吏，巨贾豪门趋之若鹜，车水马龙、门庭若市，极一时之盛。

《珍珠泉浴池与焦藩东》

❖ 华北：新式商场，消遣的乐园

国民市场的地基位置在西安新市区尚仁路以东，尚俭路以西，南至崇信路（现改为东四路），北至崇礼路（现改为东五路），是一个很整齐的四方形地盘。地基原是一片广阔的空地，其中仅有一唐关帝庙残存，有破漏庙宇数间，又有塌陷多年的大窑洞数间，此外就是麦田。市场在施工以前，曾委托工程师参照北京商场图样，代为设计制成蓝图。在设计中场内建筑有百货商店、杂货铺、京戏园、电影院、说书场、茶馆酒肆、大小饭馆、理发馆等房屋，以及居民住宅等部分。经过两年的时间前后陆续修成的房

屋共有900多间，在当时西安市面上，可以称为唯一较大的新式商场。距此地不远的南边，有1928年所修建的民乐园市场，虽成立在先，但是规模远不及国民市场的范围之广大和设备之完整。

自从商场房屋落成以后，市内零星分散的行商摊贩，以及杂技艺人纷纷前来参加集中经营。闲暇的群众也蜂拥而至，视之为消遣的乐园，所以附近一带也显得特别的热闹起来了。曾记得当年商场内每天开锣演戏的有人民大戏院（解放后因与北大街新建的人民剧院同名，故而改称，就是今天的胜利剧场），还有一处专演河北梆子戏的三义剧园，其中著名演员张凤仙、冯艳楼等唱作俱佳，很能号召观众，曾盛极一时。商场内另外还有杂剧、评戏、河南坠子、大鼓书、相声等十数家之多。在露天广场上有摆摊的、变戏法卖艺的、卖野药的，还有相面算卦的。至于饮食方面，有清胜楼、河北食堂等大饭馆和零食的小摊，茶馆酒肆，熙熙攘攘，为消费者所趋聚。同时场内开设有许多的杂货铺、布店、糕点糖果店等。还有两条街道的居民住宅也杂居其中。各种形形色色的现象，大有北京旧社会时代"天桥市场"的情况。

《西安人民市场沿革》

❖ **马宏智：打陀螺，孩子们的最爱**

陀螺，也是一种有趣的玩具，孩子们称它叫"猴儿"或"强牛"。想必是这种玩意儿，越鞭打越转得快，越转越欢的缘故吧！

陀螺，大都由硬木精削而成。顶部平滑，好像一面淡色镜，身部半圆形，恰似被砍成两半的鸭蛋，脚尖钉上手缝针，似悬挂的小银柱。

打陀螺时，先准备一个皮鞭，一头缠绕陀螺的身子，一头捆在手的虎口上，用力脱手甩开旋放，陀螺便"呼呼吱吱"直起在地上旋转，视其缓慢，而再鞭击之。当陀螺在转动时，由于惯性的缘故，使自己保持在和旋转垂直的平面内运动，因此陀螺的旋转轴本身也就竭力维持自己的方向，正是这样的原因，陀螺在急速旋转时就不会倒下来。也正是这个特性，才引起了人们的另眼看待，把它的原理用于很多军事设施。

陀螺在儿童手中，不知旋转过多少个春秋，它给多少代的儿童带来了欢乐，带来了友谊。

《文化娱乐习俗》

第七辑

猜灯谜逛庙会·老西安人的市井民俗

❖ 文学：南城墙上的灯会

灯会，就是花灯会。花灯，又称彩灯。相传始于西汉，距今已有两千多年历史，盛行于隋、唐、宋、元、明、清各代。隋炀帝时，大闹元宵节，从正月初一到十五日，家家户户张灯结彩，燃放爆竹，并规定每年上元节（农历正月十五日）为赏灯日。唐朝为中国古代经济文化繁盛时期，赏灯期，由上元节延长到"龙抬头"（农历二月初二）。陕西关中有一句顺口溜："正月里来喜盈盈，正月十五玩花灯。"

陕西的花灯艺术，名闻全国，名称和式样之多，更是令人陶醉，品种不下百种，如畜牧禽兽类，除了十二属相中的鼠、牛、虎、兔、龙、蛇、马、羊、猴、鸡、狗、猪以外，还有狮子、螃蟹、鸽子、熊猫、金鱼等。其他种类如宫灯、碌碡灯、花篮灯、莲花灯、大亮子、火轳辘儿（又叫火葫芦灯）、绉纹灯，还有用塑料泡沫制作的模拟宫灯、走马灯等，都非常别致。

灯上的饰字，大多数都是吉利词语，如"长命富贵""欢度春节""五谷丰登""新年快乐""吉祥如意"等。有的用红绸子制作的巨型碌碡灯或宫灯，上面贴着金光闪闪的四个双喜金色大字，这是娘家为新婚姑娘送的禧灯。

各省市县镇都有灯市。西安的灯市抗日战争前主要设在南院门和东西南北四大城关。抗战以后，城内灯市移至竹笆市、西木头市、大差市口。近几年来又发展到东木头市。随着经济的发展，灯市除设在碑林区的木头市、大差市、东关等地外，还有南关、纬十街、边家村及一些大的农贸市场。

根据陕西民间赠送花灯的习俗，是娘家给女儿送，有句歇后语说："外甥打灯笼——照舅。"姑娘出嫁头一年送"大灯"，一般都要买送玻璃灯，即用木条或三角铁制成框架，多为正方形，四周镶上彩绘玻璃，最大的近乎一平方米，最小的也有30平方厘米。或者用大红绸缎制作的大型宫灯和碌碡灯。头一年所送的灯也叫"追灯"，是在婆婆家大门上挂的。如果生了孩子，就要给外孙送灯，这种灯叫"耍灯"，是孩子打着玩的。

打灯笼也有儿歌，如："灯笼儿亮，来把歌儿唱。""灯笼灭，快快回家歇。""打灯笼，照天星，过年打灯笼，麦子好收成。""自小打灯笼，长成老寿星。""盼过年，打灯笼，打着灯笼上天空，上了天空，游月宫。"

《西安南城墙上的灯会》

❖ 吕乐山：西安佛教与民风民俗

民俗的婚嫁习俗中，时有悬挂和合二仙图，意在让新婚男女和和睦睦，全家美满幸福。和合二仙的故事来源：原苏州远郊有一山村，村里有寒山、拾得异姓兄弟，在对待一个姑娘的爱情上，兄弟二人高风亮节，相互礼让，先后离开姑娘而出家为僧，开山立庙，名曰寒山寺，寺中现有和合像碑。又传说弟弟拾得东渡日本传道，今在日本还有个拾得寺，这就是人常说的和合二仙。

玄奘法师赴印度取经，随着《西游记》的艺术加工，传遍天下，家喻户晓，既有佛教的真实人物和真实故事，又有无数个神奇传说故事，广泛表现于民间的剪纸、绘画、雕塑、刺绣、戏剧等等。民间刺绣中有一种名叫百花账，是村姑民妇们自发自愿，集体创作的艺术品，以寄托她们对美好生活的向往。向佛寺还愿供奉的艺术品，在这个百花账上面，上有二龙戏珠，下有二凤朝阳，两旁有十二生肖，中有太极八卦，还有佛祖菩萨、唐僧取经等西游记故事，王祥卧冰二十四孝，嫦娥奔月等民间传说等等。

《西安佛教与民风民俗》

❖ 黄云兴：长安花神会

长安自清末以至民国十五年镇嵩军围困西安城前，每逢农历九月，举办"花神会"，历时月余，颇具盛况。

长安花神会地址在西安东关长关坊，即今之碑林区长乐坊东段。这一地区原为唐宫遗址，庵庙林立，计有景龙池北口之"老母楼"，即原唐宫"牡丹亭"、"万灵庵"、"老爷庙"（关帝庙）、"药王洞"（药王庙）、"城隍庙"、"娘娘庙"。解放后，除"老母楼"至今尚存外，其他庙院均已拆建为商场、工厂和民房。花神庙据传即"娘娘庙"，位于现市三中西邻，中间仅隔"老爷庙"，西边毗连"药王洞"，坐北朝南，面积约一亩多地。

西安东关，解放前为四关之首，文化经济较其他三关发达繁盛，建制属西安市第七区。这一区之特点是半城半乡，半农半商，沿廓城（土城）街坊多为农户，如唐宫遗址窦府巷、景龙池、索罗巷、北火巷、长关坊、兴庆坊以及南廓门附近之永宁庄、小庄等街坊，历代农家因袭唐宫御苑遗风，多辟地建园种植花木。时至清末民初，大小花园颇多，规模较大者有朱、安、戎、杨等家。

民国建立后，长安县政府将东关"娘娘庙"辟为"花木试验场"，由几家大花园联合管理，在庙院内广植名花异草，阳春三月牡丹、月季、芍药、玫瑰盛开，姹紫嫣红，前往理花者，不绝于途。

花神会于每年农历九月举办，以赏菊为主，除园内培植名品外，各大花园均将其名贵菊花送至园中供展，私人养菊者争将其佳品送往争相斗奇。菊展开始，试验场"首事"发帖邀请文人雅士集会，在神龛前摆设供礼，红烛高燃，香烟缭绕，鸣放鞭炮。参加者齐向花神行跪拜大礼，由耆宿撰

▷ 1907 年的西安城隍庙

文祷告花神，祈佑苑事日盛。据先辈老人云耆宿宋联奎先生酷爱菊花，每到花神会期，必应邀撰词祝告国泰民安、花木永盛。

礼成后，开始赏花，仕女纷至沓来，园为之塞，有偕友赋诗吟咏者，有临篱作画者，可谓雅俗共赏，盛极一时。令人叹惜者，好景不长，民国十五年，刘镇华围城后，这一试验场竟遭兵灾之苦，园事荒芜，"花神会"从此告止，接连陕西三年大旱，瘟疫流行，时人顾生，岂有闲情雅致谈论花事乎？再因其后冯玉祥、宋哲元主陕，修建革命公园及民乐园，花神庙及左右之"老爷庙""药王洞"之殿宇悉被拆毁，庙址均成为民房。

《长安花神会》

❖ 张静华：长安城的音乐古会

古代长安每年有两次传统的游艺佳节。一是农历正月的社火，是长安的舞蹈节。狮子、龙灯、高跷、旱船、大头和尚戏柳翠等传统的民间舞蹈，在鼓乐声中涌向街头，把古城装点得十分热闹。二是农历六月的音乐古会，这是长安的音乐节。此时古城的每一条街道都是演奏场，每一座庙宇都变成了音乐厅，观众则是全城的居民，古城长安简直成了一座音乐之城。各乐社活动的地点有终南山观音台的国光寺，长安县的何家营、南五台；城内有西五台、迎祥观、城隍庙、大吉厂、八仙庵等。但乐社最集中的是城南的南五台和城里的西五台，因而人们称之为"五台盛会"。

五台盛会可以追溯到唐代。据唐段安节的《乐府杂录》记载：德宗贞元年间（785—805），长安大旱，皇帝诏令东、西两市祈雨，为此，在天门街（即今之广济街）搭起彩楼两座，东市请来"宫中第一手"的琵琶乐师康臣仑，他登台弹了一首难度很大的《羽调录要》，曲调幽雅，技艺高超，一曲奏后，掌声雷动。这时但见西市的彩楼上出现了一位盛装女郎，她乌黑的发髻上缀满了珠翠，光艳的衣裙上绣满了瑰丽的花朵，弹的也是《录要》，而把"羽调"移到难度更大的"枫香调"上，琴声美妙绝伦，康为之惊服，立即前去拜她为师，谁知"她"竟是庄严寺的和尚段善本……从此以后，"祈雨斗乐"便成为古城长安沿袭千年的风习。

这场高水平的音乐比赛，是唐德宗"诏示两市祈雨"引起的。东、西二市是唐长安城里最繁华的两个街坊。天门街距近代斗乐点西五台（唐掖庭宫之南墙遗址）不远。为什么历代都在每年农历六月十七、十八、十九这三天来这里斗乐呢？这绝非巧合。首先，六月旱情是西安地区的气象规律，祈雨符合民意。再因，从春节到这时已有半年没有群众性的娱乐活动

▷ 高跷表演

了，祈雨斗乐也是广大市民的一种精神享受，因而能沿袭千年。据老人们说，就是在兵荒马乱的刘镇华围城和天灾严重的民国十八年（1929），祈雨斗乐也从未完全停止过。抗战时期，日寇飞机对西安狂轰滥炸，而城内的祈雨斗乐还照样进行。

《长安城的音乐古会》

❖ 黄云兴："忙笼会"

记得20世纪二三十年代时，每逢农历四月初八城隍庙古会，四乡农民就安排"社"（古乐队）进庙演奏敬神，城乡的善男信女也成群结队前往烧香、逛会，顺便在庙内货摊上买些花布针线和日用的"洋"货：洋火、洋碱（肥皂）、洋肚手巾、洋袜子、洋……再因夏收到来，农民们还买些农具带回去备用。那时东关也有城隍庙（现长乐坊"长乐商场"），东郊和关内的居民、农户也来庙进香。因此，一些卖农具和卖牲口的人都来赶会，以后逐渐形成了定期的"忙笼会"和"骡马会"。届时，牲口市、农具摊和卖吃喝的担子把宽30多米的长关坊、长乐坊两条大街占得满满的。由于这种大型定期的交易会早先起于农历四月初八，所以人们称之为"四月八会"，有人还把它叫"忙笼会"。

《八仙庵忙笼会》

❖ 马宏智：耍芯子

芯子，也叫抬阁或高抬社火，古称"乡傩"，表示驱疫之意。《论语》有《乡人傩》，《鲁论》中载："乡人傩，孔子朝服而立于阼阶。"可见春秋时孔子看过社火。《武林旧事》也载："迎引新酒，有以木床铁擎为仙佛鬼神之类，驾空飞动，谓之抬阁。"按历代旧例，在立春的前一日，以人扮"社火"，如"春官""春吏""春姊""春梦婆"，以表示除夕迎春之意。而民间传说：芯子起源于劳动人民的生产、生活之中。最早，农民在田间劳动之余，心情愉快，日落而息，返舍归途中，把孩子缚于犁拐，肩负而行，摇晃逗笑，引为自乐。此后，渐次改良，逐步形成今天完型的芯子艺术。

芯子流传至今有车芯子、桌芯子、背芯子、驴芯子、平台芯子、高跷芯子等多种。芯子杆，有专用杆和多用杆。民间艺人在杆上可以扮演戏剧故事、山水人物、亭台庙宇、花草树木，变幻无穷。艺术上给人以优美、健康、惊险、玄妙之感，争奇斗巧，引人入胜。

《文化娱乐习俗》

❖ 郑义林：化羊庙会

化羊庙会始于宋代，历久不衰。始为道教活动日，每年两次，农历二月初一、六月十五为正会。届时附近地区善男信女，皆来此朝拜祭祀东岳诸神。至庙会一里许，每行百步便于道旁化纸焚香，叩头跪拜，名曰"一路拜"。进庙区后一神一拜，拜至东岳大殿，形成朝拜高潮：摆供祭祀，香烟缭绕，爆竹齐鸣，诵经祈祷，悬匾酬愿，人声鼎沸，气氛热烈。

自清初，化羊庙交由庞光七堡后，特别是近二十年来，庙会更兴，规模更大。庙会内涵和形式更丰富，不仅求神拜佛，更多的是逛热闹、游山玩水、购物、夏日纳凉，庙会亦持续延长为一周。届时，庞光镇七堡派出五六十名热心人负责庙会事务。

送"钱粮"是庙会最隆重最热闹的一项仪式。庙会头天，庞光七堡以及附近各村组成数百人的送"钱粮"队伍，前有彩旗、龙凤旗、锣鼓组成的仪仗队，后跟一长队男女老少，手持香蜡纸表，奔庙会而来。待各村"钱粮"队汇至庙区，还要比谁家声势浩大。此时，鞭炮声响成一片，几十架锣鼓对敲，震山撼岳，几百面旌旗和庙内松柏翠竹交织成彩色的海洋。

赶庙会的人已不分善男信女和凡人百姓，除本县群众，更有周至、长安、咸阳、兴平、西安及渭北一带群众乘车而来。至山庙下二里许，道路已拥挤不堪，车辆无法上山。路旁摆满各种摊点：香蜡纸表、熟食小吃、日用杂货、玩具、山林土特产、服装布料，还有测字卜卦、说书卖唱、杂耍博彩，无一不有。路上人流涌动，庙区内更是水泄不通。男人们脖子上架着小孩，挤到东岳献殿大石狮前，牵着孩子的手抚摸石狮，从头摸到尾，从尾摸到头，以祈平安吉祥。娘娘殿前更热闹，拥挤的妇人们在此焚香叩头，鸣放鞭炮，拜罢"云霄"拜"碧霄"，拜罢"碧霄"拜"琼霄"，求子祈女，护佑子女成龙成凤。庙会期间演大戏五天五夜，并有杂技助兴。一年两次的庙会，功德箱内布施的钱两都在数万元甚至十万元以上，成为修葺庙宇的专用资金。

《庞光古镇》

❖ 黄云兴：八仙庵吕祖庙会

　　四月十四到十六日的吕祖庙会非常热闹，十五日这天更为热闹。在这三天古会中真是人山人海，庙内外人声鼎沸，会前就有摊贩圈划场地，兜售香蜡纸表、儿童玩具、绸缎布匹、日用杂货、乡土特产、锅盆灶具……应时而来的还有卖吃喝的、拉洋片的、唱扁担戏的、耍猴的、耍把戏的、卖大力丸的、算卦测字的、说相声的，以及说书的、劝善的……把山门前的香火场占得严严实实。最令人注目的是那些少胳膊缺腿的残疾人，他们都想办法赶来瘫卧或跪在去庙会的路边哀求人们施舍。为了供应上会人的吃喝，卖小吃的、卖茶水的更难统计。特别是徐家稠酒摊子、郑家饸饹摊子、刘家醪糟摊子以及接官亭各家饭馆，整天顾客满座，真是红火极了。我那时还上小学，到中午约上几位小朋友逛八仙庵，到菩萨神龛里"偷"几个还愿人所送的泥娃娃，很高兴。出庙后，花五文铜钱（麻钱）买个油饼，再花一个子儿买一碗桃干汤轮着吃喝，香得很，然后再去看扁担戏、"西湖景"。

《八仙庵忙笼会》

❖ 郭敬仪：商人过年

旧社会想当商人，也是很艰苦的，一般男孩长到十五六岁，就不上学了，托人介绍当个学徒（也叫相公）。要是介绍到行店，得有点气力，能抬货、挑水；如介绍到零售商店，一般就行；你若长相灵性、排场，可介绍到京货店药铺之类。进门先得给经理（掌柜）叩头，如蒙录用，才由半芏（二年学徒）引见全店人员，上自副理（二掌柜）下至学徒，见人作揖，给你一定的活路，如专扫前院、后院和营业场所等。至于早起提门、扫地、挂幌子，乃是学徒的责任。姓啥叫啥相，当了把式（店员）叫啥大，再高一点叫啥师。第一年的学徒，还不能接待顾客，只能取烟倒茶，如经理或把式叫你干，你才能干。一般学徒，三年没有工资，到过年由经理自行决定，给你多少就是多少，不过二年三年的学徒，得按你的劳迹，酌量多给点罢了。白天干上一天，晚上跟管账先生（会计）打算盘，谁打得快，谁打得准，谁就升得快。天刚麻麻亮就得起床。小商号没有床位，支凳子，睡铺柜，是常见的事。

每逢过年，那就更为忙碌，一般是过腊月二十，就得扫房，整理货物，除夕前，就得贴对联，报条。行店是两扇大门，有的写"海阔纵鱼跃，天高任鸟飞"，或是"三阳开泰，万象更新"。零售商店，对联是"生意兴隆通四海，财源茂盛达三江"。有的还贴门索，不管行店或零售商店，都用红纸印有字号名片，在除夕晚上，派学徒拿上，不管认得与否，有无来往，见门缝齐塞。各商号挂红灯，得点一夜，蜡完了另换，有些老生意，像际盛隆、德庆恒杂货店等，还派二柜或把式，背上褡裢迎财神或喜神，事先须看历书，看财神喜神在何方向，再由迎神人拿上香蜡纸表，一个人走向某方。路上不得和别人说话，出了廊门或在廊门内选择一块干净地方，点上香蜡，向某方叩首，口中默默有辞，如福禄财神或喜神，光临敝号，使生意兴隆，财源茂盛等词句。然后捡拾几块土块或砖块，装在褡裢内，返回本号。有人在门口瞭望，看到迎神人回，赶紧燃蜡焚香，大开铺门。把式站在柜台边，门上大放鞭炮，经理恭恭敬敬地把褡裢内的土块或砖块，摆在供桌上，然后三跪九叩首。这时门外就有吹唢呐的，孩子们都来看热闹，有人丢几个制钱或铜元，只听叮当一响，口里喊着"恭喜！恭喜！""生意兴隆，财发万镒！""发财！发财！"这时如点心铺，给包一封点心，其他就给几个铜元，另有店员或故意撒些核桃、枣、柿饼，给孩子们抢拾，炮一完，门就关了。到了1920年后，就没有迎喜神、财神这种迷信了，但报条还写，民国几年岁次甲子喜童报到某某号生意兴隆，财发万镒等字样，挂红灯，撒片子，直到解放后才改观。

春节里有的商店，有请客吃年饭的讲究，都是自己的厨师，做得很阔气，有海参头席，十九个大菜。座席更是讲究，谁坐上席，谁是中席，谁是信客，座次都有规定，学徒得在一旁侍候，敬酒上菜。敬酒一毕，开始划拳，喝五喊六，开怀畅饮。吃毕，毛巾、漱口水等早已预备。

一般商店，在初六晚上，经理要给把式（店员）和学生意的相公（学徒）说话，又叫定盘子，决定今年或干或不干，就在今晚定点。每到这个时候，是把式学徒大伤头疼的时候，把你的成绩和缺点，当面揭出，有的还写出榜文，公布于号内，如缺点严重，就得开除，叫砸锅，那你就得找介绍人，善为说情，万一不行，还得另找职业。

《旧社会西安东关商业掠影》

❖ 郭敬仪：看花灯，猜灯谜

春节有高跷、社火，也有踩芯子的，高跷是用两条木腿，将人的腿绑在上面，扮出各种戏文，踩芯子是在桌子上用铁芯子支撑男女小孩，扮演各种戏文，像《花亭会》《白蛇传》等，四个人抬着桌子在街上转，前边有鼓乐敲着。特别是元宵节晚上，家家店门大开，有的还布置许多花灯，任人参观。街上人山人海，有各巷的狮子、龙灯、走马、秧歌、花船、海蚌，各行店有在门口放鞭炮、焰火者，竟有连放十多铁筒的。应节的元宵，高搭席棚，挂着许多红灯，有玫瑰元宵，有桂粉汤圆等，嘴里高喊兜售。街上有各巷的乐器社，锣鼓铙钹，声震于衢，特别是各零售商店，门都大开，花灯满屋。药铺的灯玻璃别致，确实好看，有的糊一白灯，贴许多字条，叫猜灯谜，猜中者也许能吃几个元宵，颇为热闹。直到明月偏西，才关门散回。

《旧社会西安东关商业掠影》

❖ 子光：正月十五耍狮子

雁塔区丈八沟乡查张村耍狮子，在西安地区历来有名，其特色是兼有陕西、河南两省耍狮子之长，既威严凶猛，又灵巧机敏，除了能在地上翻、打、滚、跳外，还能上梯子、翻高台、吐火、衔炮等，肚生小狮子，怀抱幼狮子，十分逗人喜爱，老少都爱去看。这个村耍狮子有老狮子、小狮子、公狮子、母狮子，既是一窝，又分对垒，有和好，也有争斗，花样百出，不落俗套，因而博得远近好评。

据传，查张村自明、清时代就因每年正月十五耍狮子而闻名。民国后，张伯英在丈八沟修建公馆，张公馆的花园里常雇有河南来的花工、果农，张伯英同雇工观看过查张村耍狮子，还叫查张村耍狮子的人到园子里学河南耍狮子的技巧，相互取长补短，形成了查张村狮子独特的形式和耍法。

耍狮子时的锣鼓打击，也取陕、豫两省之长，形成别有韵味的节奏，同狮子的嬉闹动作互相配合，轻重有节，快慢有序。眼看狮子动作，耳听锣鼓齐鸣，使人尽得乐趣。

《茶张村狮子耍得好》

❖ 马宏智：奇特的"剪彩仪式"

新戏台落成，必然要烘台演戏。演戏以前，先要举行"开幕式"，这就是所谓奇特的"剪彩"仪式——咬鸡。"咬鸡"现在已不多见，但在过去却是一个非常严肃庄重的场面。

先用两根红绳各穿数个铜钱将舞台的前场和上下场口封定，禁止任何人出台，后台设香案，点高烛，事前给每个演员口里含一块白洋，名曰"封口银子"，意即只能用手势表示，免开尊口讲话。

一开锣，化表摔身，首先黑虎登场，用鞭将上下红绳打断，上三步，再将台中事前准备好的三摞九页瓦踏倒打碎，继而打断封台口的红绳，即开始跳架子（舞蹈），接着灵官登场，跳架子，同白：××戏台建成，奉玉帝敕旨，皆前来祝贺，黑虎、灵官，打台上来。二神立即前去，各执事前用朱砂写好咒符的五雷碗，朝台口的左右上空先撂一碗，头碗未落，再甩一碗，两碗相击，碰得残片四溅，观众叫好。

打台已毕，二神立两边。天官上台曰：庞文县家（积善人家）来矣。只见老生、老旦、小旦、家院，端香盘，提一活鸡上。

参拜后曰：今日乃××神盛会之日，新修戏台落成，小民将祭礼献上。

天官曰：二神将咬鸡仙上来。

黑虎灵官传：咬鸡仙上。

一个丑角扮演的咬鸡仙出台，跪拜于天官前。

天官曰：咬鸡仙何不咬鸡上来？

咬鸡仙将大红公鸡拿在手中，向台下观众展示。然后站立台口，一手握鸡头，一手握鸡身，将鸡脖项拉展，张口下势，猛地一口下去，咬得鸡头身两断，咬得干净利落，令观众惊叹不已。

咬鸡仙用鸡血分别洒向台前、后台、柱础、墙角。洒毕，天官曰：启台上来。只见鲁班登场，手执巨斧，以各种舞姿，东砍西敲，作整修动作，又至后台启开衣箱。天官曰：二神将扫台上来。黑虎、灵官各挑一长串鞭炮，在台上交叉小跑，噼里啪啦打得乌烟瘴气。在鞭炮声中，天官最后郑重宣布：各赴本位。咬鸡仪式全部结束，然后将头鸡、五雷碗、五色线及一双筷子拴在一起，钉在屋梁上。

不难看出，咬鸡的整个过程把庆贺敬神、求吉、驱邪、兴利、除弊有机地结合了起来，是一种很有特色的戏剧民俗活动。

《文化娱乐习俗》

❖ 齐志义：祈雨伐马角

新中国成立前，每逢大旱禾苗半枯焦的时分，村里的一些人就发动群众向玉皇或龙王要雨，这样一来一场声势浩大的祈雨活动就开始了。

要祈雨必先成立组织，推选头目，再由头目邀请本村所有马角（顶神）和敲锣鼓、敬神、拢马角的人，在村中大庙里围坛，敬神搭表（也叫搭黄文）请马角下山。这时鼓铙也敲了起来。其调为"广渡广，广渡吃，马角下来杀肉吃"。念得森煞，敲得惊天动地。这样周而复始，马角就下来了。个个拍手跺脚，颤抖不已，口中叽叽咕咕，有的还挥刀舞剑，大显身手，有时出现两个马角互争高下，各显神通，这就发生了所谓"盘道"。马角们疯疯癫癫，东倒西歪时，没人经管是不行的，所以就需要拢马角的。一个马角往往要几个人拢，拢的人越多越好。

接连几晚，每晚锣鼓敲到深夜，在场的人有的就转入梦境。这才是新马角出现的时候。在"广渡广……"的锣鼓声中新马角跳了出来。新马角一般年龄轻，一出来就显得更凶，拢的人也就更多、更累，新马角手舞足蹈，表明自己身份后，同样要盘道，要舞刀弄棒。这样晚复一晚，新老马角够数了，祈雨的时机也就成熟了。于是选准吉日良辰，浩浩荡荡的"取水"队伍才算组成。

队伍的前边是一个背着背篓的老马角，背篓里装着水瓶（压水童子），接着是一群不避炎热，头勒毛巾，手持刀枪、剑鞭（有木制的刚鞭，有麻编的软鞭）、棒的新老马角，他们不断地嚎叫，并挥动武器，拢梢的人手忙脚乱，得时时处处有眼色。后边是敲"广渡广"的锣鼓队、仪仗队和大锣鼓队（鼓点不同），最后是数以百计的群众，经管的人都走在队伍的两侧。

到了取水地点，焚香点蜡，乡老（村里的老人）和马角头目（神中最大的）号啕大哭，苦苦哀求，最后装一瓶水，放进背篓，敲着舞着转身回家。

取回的水放在庙中神桌上，又开始第二次围坛。一坛七天，天天敬神伐马角。七天满了再接一坛，直到下雨为止。如果长期无雨就叫"干坛了"，也就自动散伙了。如果真的下了倾盆大雨，那就更加热闹了。

这时马角们得意扬扬，要去各庙降香。他们把刀棒抡得更有劲，念叨得更厉害，还要抓铧（是在炉中烧红的铧用手去抢抓）、过锥（把铡拴或钢棍由腮部穿过），大显灵通。同时还得唱大戏还愿，这才真所谓"庄稼汉要得乐，取水伐马角"。

《解放前民俗两则》

◆ 程宜生：新人"拜大小"

旧式婚姻，六礼外另一个节目叫"拜大小"。这个节目，是在婚后第三天举行的。这天上午，由一位长辈女人（或平辈年龄大些的）领着新人，后边一个小孩捎一条红毡，对亲族本家及重要乡党，挨门逐户，进行拜访，每到一家，从上到下，不论是男女老少，每人都给磕一个头，家数多的，需要一个上午时间。

这个行动，本来是很有意义的，村里或户族中添了一位新人，由长辈领上，逐人逐户，拜访介绍，对辈分高低、年龄大小，彼此称呼，有个初步了解，免得以后打起交道来面不相识，闹出笑话。但后来的人们，把这一行动弄歪曲了，把一件比较严肃的事情，变成了耍笑。新人前边走，后边跟着一群小孩，嘻嘻笑笑，完全失掉原来的用意。

《民俗二则》

❖ 张恨水：西安风俗之一斑

西安人起得很早，在春天的时候，6点钟，就满街都是人。便是住在旅馆里，7点钟以后，声音也极其嘈杂，不容人晚起。这自然是个好习惯，作客的人，不妨跟着学学。晚上9点钟以后，街上已经难买到东西。

西安人是吃两餐的，早餐大概在10点附近，晚餐在下午4点钟附近。设若你接到请帖，订着晚4点或早10点，你不要以为这是主人翁提早时间，应当按时而去。

西北人的衣服，都很朴实，男子有终身不穿绸缎的。近年来，年轻的女子，也慢慢染了东方人士奢华习气，但是也不过穿穿人造丝织的衣料而已，到西北去的朋友最好穿朴素一点，可以减少市民的注意。若是你穿西服，无疑的，市人会疑心你是老爷之流。因为除了东方去的年轻官吏，本地人是绝少穿西服的。摩登少年，也不过穿穿那青色粗呢的学生服，若在上海，人家会疑心是大饭店里的工友。如此看来，到西北去应当穿哪种服饰，不言而喻了。

某一个地方的人，必是尊重一个地方的名誉，作客的人，在入境问俗的规矩之下，本不应该在浮面上观察过了，就作骨子里面批评的。陕西人爱护桑梓的观念，大概是比别一省的人，还要深切。到西北去的人，对人说，我们回到老家来了，西北人刻苦耐劳，东南人士所不及，像这一类的话，只管多说，不要紧。若易君左闲话扬州而兴讼，胡适之恭维香港而碰壁，都是忘了主人翁地位说话的一个老大教训。到西北去的朋友，对于这一点，是必再三注意之后，还要再四注意。

西北人的旧道德观念，很深很深，所以男女社交，还只限于极少一部分知识阶级，此外，男女之防，还是相当的尊重。客人到朋友家里去，不可以很大意的向内室里闯。像上海朋友，住惯了鸽子笼式的房屋，不许可人分内外，久之，也就成了习惯，到了北平，就常因走到人家上房，引起了厌恶。若到西安去，也要谨慎。再者，在西北地方，便是走错了路，遇到妇女，也不宜胡乱开口向人家问路，我亲眼看见我的朋友，碰过很大的钉子。

最后，说到方言这个问题，陕甘宁青四省，汉人都是操着西北普通话，并不难懂。到西安去，扬子江以北的各种方言，他们都可以懂得。陕西方言，大概是喉音字，发出来最重，如我字，总念作鄂。舌尖音往往变成轻唇音，如水念作匪之类。大概知道这一点诀窍，陕西话是更容易了解了。

《西京胜迹》

第八辑

民国老西安的
逸闻轶事

❖ 李庆东：慈禧、光绪重修卧龙寺内幕

1910年8月，西狩近一年的两宫于回銮前夕，突然在西安发出一道圣旨：拨内库银一千两重修卧龙寺，并建石牌坊一座。

重修后的卧龙寺，山门上额横书"敕建十方卧龙禅林"八个镀金大字，石牌坊两旁，分别镌刻着慈禧"慈云慧日"和光绪"三乘叠耀"的御笔题词。寺内殿宇僧寮，顿时焕然一新，几复汉唐昔日盛况，非西安其他寺庙可比。

慈禧、光绪为什么要发如此善心，行如此善举呢？其中内情，令人费解，让我们还是从历史中寻找答案吧！

据《义和团档案史料》（上册）记载：1900年春后，陕西大旱，满地疮痍，加之两宫西狩，民负日增，致使陕西各地民逃田荒，饿殍遍野。是年冬，新任陕西巡抚岑春煊在一个奏折中也不得不承认："陕西今春缺雨，麦收歉薄；近复夏雨愆期，秋稼受伤尤甚，小民多就食他方。是本省之粮已不敷本省之食，今銮舆西幸长安，臣仆侍从人数已巨，加之诸军屬莅，千乘万骑，皆须取给全秦……饥馑之内忧，更甚于军旅之外患也。"

事实正是这样，1900年10月26日，慈禧挟持光绪逃奔西安时，其护驾官兵臣仆不下万人。此后，各省"勤王"之师又蜂拥而至，多至数万。为了养活两宫及数万人马，陕西人民每月要多缴纳30多万两白银。另外，两宫的供品、官吏的搜刮和军队的抢劫掳掠尚不在内。于是在天灾人祸的交相煎迫下，陕西人民遂陷入苦海之中。

俗话说：官逼民反。陕西人民终于忍无可忍了，1900年12月，各县逃亡到西安的数万饥民，多次结队赴巡抚署（两宫所在地）请愿。有次，愤怒的饥民团团围住军机大臣荣禄，要求面见两宫，陈述百姓疾苦，若无粮

管唐承烈从旁好言相劝，声称尽快解决民食问题，恐怕就要闹出乱子来了。慈禧闻知此事，日夜惊恐不安，连忙下令开设粥厂，赈济灾民。

在开设粥厂，赈济灾民的过程中，卧龙寺成绩斐然，引人注目。卧龙寺系西安千年古刹，创建于汉灵帝时（168—189），又因其位于西安城内，庙宇较为宽敞，故历来均为西安和外地僧伽活动的中心。光绪末年，该寺尚有殿堂僧寮数十间，僧伽五六十人，诚为西安首刹丛林。在此次办赈时，该寺僧伽大力发扬大乘佛教积极救世精神，努力举办施食、施衣、施药等各种慈善事业，活人无数，深受民众称赞。于是，民众争赴该寺顶礼朝拜，一时香火颇盛。

▷　慈禧当年在西安的行宫花园

1901年8月，慈禧闻知回銮有望，心中不免大喜，遂下圣旨一道："著赏给卧龙寺僧人内库银一千两，著重修庙宇，添盖牌楼，建立碑碣，钦此。"新任陕甘总督升允接旨心领神会，亲自监工重修，工程期月而成。事后，卧龙寺方丈空龄法师将慈禧圣旨和重修经过，分别刻石立碑，置于寺内。这两块石碑，至今仍存卧龙寺，成为两宫重修卧龙寺的物证。

从两碑碑文可知，重修卧龙寺的提议虽出于升允，但决策却出于慈禧。而重修的原因、目的，则是因为"秦中连岁旱荒，满地疮痍"，多亏两宫"赈灾有方，皇恩浩大"，才使灾民劫后复生。从上引碑文中，我们不是可以窥破慈禧光绪重修卧龙寺的内幕了吗？原来，他们重修卧龙寺既非为表彰出力的僧伽，也非为祈祷饿死的灾民，而是为了宣扬"皇恩浩大"啊！

慈禧光绪西狩期间，耗费了民脂民膏白银300多万两，临行又带走民脂民膏白银70多万两。区区1000两白银，对于慈禧光绪来说，不过是九牛一毛而已，况且，牛毛出在牛身上，用人民的血汗为自己撑门面，慈禧光绪又何乐而不为呢？

《慈禧光绪重修西安卧龙寺内幕》

❖ 田宗珍：慈禧"蒙尘"吃茄子

1900年，八国联军攻打北京，慈禧太后仓皇逃出紫禁城，9月"蒙尘"西安。虽是"蒙尘"，但慈禧仍不失其封建帝王的排场。膳食除水陆八珍美馐佳肴外，还要品味地方土特鲜菜。时有马侯者，西安东乡沙坡村人，以贩菜为业，谙熟时鲜蔬菜，遂被选进慈禧御膳房，专事蔬菜采购。1901年农历小满刚过，慈禧突然要吃茄子，这可难坏了马侯。因为那时初夏季节，茄子尚在苗期，距上市还有一个多月，哪里去寻找茄子？但"圣意"不可违抗，马侯找遍了西安菜市，跑遍了南郊北郊，均扫兴而归。

其时东郊香王村（今灞桥区席王乡香王村）田老二精于务菜，尤专茄子。他家的茄子素以上市早、鲜嫩可口而闻名。一天田老二在田间给茄子打杈，看着茄花初敛，刚努出嫩嘴，心中十分惬意。这时马侯突然来到地头，开口道："田二叔，茄子可曾上市？"田老二闻声抬头，见是马侯，因以往在菜市上相识，就戏谑地说："崽娃子，才啥时候，就想要茄子！"马侯急切地说："太后要吃哩，二叔！"一听太后娘娘要吃，田老二不胜惶恐，细心察看了一会儿，发现了几颗宛如蝼蝈大小的嫩茄子，指给马侯说："你看这行么？"马侯俯身一看，喜出望外地说："这就好，这就好。"遂挑挑选选地摘了半帽兜，清点数目，二十有五，这才得意还朝。如是数十日，马侯天天来，田老二天天摘，香王村供应皇家"贡品"茄子的消息不胫而

▷ 慈禧

走。每当马侯前来采摘茄子时，总有围观者，有的啧啧，有的吁吁，是褒是贬，时人莫之敢论。有道是：

慈禧"蒙尘"逃陕，皇家气派未减。

为吃鲜菜一口，马侯跑遍长安。

只图眼前享乐，哪管社稷江山。

《慈禧"蒙尘"吃茄子》

❖ 李庆东：康有为西安"盗经"之谜

1923年12月，康有为西安"盗经"成为《新秦日报》《关西日报》等报刊的头条新闻、西安大街小巷的热门话题，直闹得这位"康圣人"狼狈不堪，悻悻离陕。这到底是怎么回事呢？欲知此事真相，还须从康有为西安之行谈起。

1923年10月，康有为再赴洛阳后，有感于"孔子西行不到秦，掎摭星宿遗羲娥"，决意乘兴入秦讲学游历，弘宣儒教真谛，一睹秦汉胜迹。于是，他请吴佩孚致函陕西督军兼省长刘镇华，转达了自己西入长安的心愿。刘为讨好吴大帅并附庸"康圣人"的风雅，遂一口答应。

　　在门人邓毅和二女康同璧陪同下，11月5日，康有为风尘仆仆赶到西安，下榻中州公馆（今西安六中校址）。经过一番迎来送往的应酬活动后，从14日开始，康开始了在西安的讲学游历活动。30日，康在卧龙寺讲演佛教问题时，听说该寺藏书甚丰，遂请求参观，住持定慧法师当即表示欢迎。

　　康对佛教素有研究，在佛教经典古籍版本鉴别方面，造诣尤深。12月初，在陕西佛界人士康寄遥、郑维翰等人随同下，康乘兴参观卧龙寺藏书楼。在参观过程中，康于蛛网灰尘之下，意外地发现了《碛砂藏经》。经康鉴定，竟系宋版。于是，康大喜过望，回头对康、郑等人兴奋地说："如此珍宝，应妥善保管。"并建议应立即将此经影印出版。此举获得了定慧法师的赞同。

　　第二天，康派人至卧龙寺，经协商，与定慧法师签订了影印合同。合同规定：该经由康派人运往中州会馆校勘，然后送上海影印。事竣后，原书仍归还卧龙寺，并向该寺赠书若干套。

　　数天后，康请刘镇华派兵用汽车运书，因兵士均系外行且不负责任，致使该经书中夹杂其他经书，沿途又时有丢失，故引起卧龙寺僧伽不满，双方遂生口舌。西安各界人士闻讯，群起攻康，一时满城风雨，皆云康有为"盗经"。

　　未几，西安佛界及各界人士组成陕西保存会，采取各种方式方法，展开了一场轰轰烈烈的反对康有为"盗经"斗争。保存会上书省参议会并向省法院起诉，严厉谴责康的"盗经"行径，坚决要求法院审理此案。接着，保存会又公开发表声明，呼吁西安以东沿途驻军，截留康等所盗之经（事实上，该经并未运出西安）。保存会还致函上海帮会头目徐朗（陕西三原人），嘱其在上海登报揭露并阻止康有为私自影印。于是乎，全国风声鹤唳，处处草木皆兵，兴师问罪之声，响彻九霄之上。

书生气十足的"康圣人"，万万没有料到事情竟会闹到这种地步，连忙登报极力表白："有为完全按照协议合同行事，如何为盗？"然而，长于言辞，雄辩滔滔的康有为，此时纵然满身是口也说不清了。在此种情况下，康只得一走了之。1924年1月6日，康遂在军队护送下乘汽车离开西安，东去洛阳避难。

那么，所谓康有为"盗经"到底是怎么回事呢？俗话说，解铃还须系铃人，这个谜底，只好由康有为来解了。

原来，康有为其人思想守旧而狂妄自大，常摆出"孔教巨子"的身份以师长口气训人。在西安期间，他的这一老毛病仍然未改。某次，新派人物，省建设厅厅长刘楚才陪同康游览临潼华清池，康突然问刘："你是建设厅长，说一下温泉水含的化学成分是啥？"刘毫无准备，一时竟哑口无言，难以下台。又有一次，长安县县长王山樵陪同康游览兴教寺，康以居高临下的姿态，向王询问长安县人口和户数。王一时不慎，误将户数回答得与人口一样。康挖苦王道："贵县每户都是一口人吗？"王自知失言，顿时面红耳赤。此类事例，不胜枚举。康有为这种傲慢无礼的做法，终于激怒了西安各界人士。于是，杨叔吉、李仪祉、康寄遥等人便借康运经一事发难，掀起了这场声势浩大的反康"盗经"斗争。

由此可见，当时西安各界人士指斥康有为"盗经"虽事出有因，但却并非事实。事实上，康有为的确是想影印宋版《藏经》以广流传，并无"盗经"的念头和行为，只不过因小失大，弄巧成拙罢了。

值得指出的是，1934年12月，在朱子桥将军等人的帮助下，在陕西各界人士的共同努力下，宋版《碛砂藏经》终于在上海影印出版。平心而论，康有为仍可排在功臣榜的首位。

《康有为西安"盗经"之谜》

❖ 赵松泉：常香玉在西安义演

1942年抗日战争时期，常香玉来西安演出，在当时河南成立的中州会馆的倡议支持下，常香玉在南院门一家剧院举办义演募捐演出，用义演收入在西安创办了一所西安光豫学校，地址就在北关（道北）自强东路一家谦和煤厂里。该煤厂约有4000平方米，临街建有一幢二层楼（上面住人，下边是教室），另有一个院子是教师的住处。操场北面是一排平房作为教室，西边有用砖砌的一个防空洞。

▷ 常香玉剧照

学校创办初期，对于来学校上学的学生一律实行管吃、管住，免交学杂费。招生对象主要是河南来西安逃荒下苦力谋生的贫困家庭子弟。我那时已12岁，在西安糖坊街一家玻璃厂当童工，父亲把我从襄明玻璃厂叫回来，到学校去上学。因为学生都是来自于穷家子弟，所以当地河南人把这个学校称为"难民学校"。其中尚有几个东北的小学生。

在学校居住的除教师员工外，还有常香玉的弟弟张振有。学校创办初期有学生100多人，不久就不管吃住只免学费，再后来就开始收学费，这时学校已有200多学生。我在这个学校上了4年就辍学了。常香玉用义演募捐收入创办的西安光豫学校已有60多年，每当我们想起常香玉，就会想到她对穷人子弟们的热心帮助和教育。

《常香玉在西安义演募捐办教育的事迹》

❖ 陈素真：在西安成了"豫剧大王"

我是1940年初秋间到的西安。初演戏的地方，是南苑门的三山戏院。

狮吼剧团的海报很简单，或写或印，或报上登广告，全是河南狮吼剧团，陈素真主演，什么什么戏，就是这么几个字。绝不似其他戏班那样，什么青衣花旦呀，超等名角呀，明星呀，花红柳绿写一大套。狮吼是个易风易俗的大剧团，这些陈旧的俗套，从来不用，并且守信。比如，若是登出最后三天戏，准定只演三天，绝不似其他戏班，上座一不好，就用"临别纪念最后三天"来骗人，结果是演完了这三天，还有那三天。狮吼剧团是说什么就是什么，绝不骗人。

在我们来之前，西安先有了一班豫剧，主演是豫剧中的名角，票价八毛，上座率不高。我演，票价三元，场场爆满。

狮吼到一个新地方，头三场打炮戏，必是头天《涤耻血》，第二天《克敌荣归》，第三天是《女贞花》。这是樊先生（樊粹庭）派戏的规律。

到西安的第一炮就打响了，当时是戏红，我红，樊先生红。樊戏有九出，头三天之后，即是《霄壤恨》《凌云志》《义烈风》《伉俪箭》《柳绿云》《三拂袖》，然后是樊先生修改的《桃花庵》。这十出大戏，在三山戏院反

▷ 陈素真剧照

复演了几次之后，狮吼剧团和樊粹庭誉满西安；我呢，西安的观众又给我加官晋爵，封了我个"豫剧大王"的称号。我听说之后，很高兴，我心想，当个"大王"，骑马射箭，冲锋陷阵，多伟大多威风呀！比"皇后"好听，"皇后"总还是女的，我不当搽胭脂抹粉的"皇后"，我当个山大王。我真是不懂事到极点，幼稚得可怜啊！

《情系舞台》

❖ 沙浩度：康毅如创办红十字会医院

西安市红十字会医院和西安市红十字会一起诞生于 1911 年 10 月 24 日。当时正值辛亥革命时期，由文化界名流康毅如先生以"服务社会，博爱人群"为宗旨，邀请医务人员组织红十字会医疗救护队，进而逐步形成西安红十字会和红十字会医院。

成立之初，医疗队即在省城内和潼关、乾县、武功一带进行医疗救护、掩埋尸体等工作。秦军督都张凤翙为褒奖该队功绩，特拨给秦王城（即新

▷　西京红十字会医院

城）东南隅官地372亩5分，作为创建红十字会及医院永久基地，并明令永免租税以固基础。

红会医院创建之初，多赖筹募捐献开始经营，当时除医务人员和职工外均为义务职称，不仅不拿月薪工资，必要时还要量力资助。所以当时担任名誉职务的人，多为社会名流、巨商富贾；院长多由红十字会会长兼任。第一任院长就是由红会创始人康毅如先生兼任，连任七年。

红会医院成立之时设备简陋，规模也小，无明确分科；但所有医务人员都能坚持办院宗旨，热诚服务，做了很多慈善救济义举。例如医院规定，每日除普通诊疗外，对贫苦的患者规定一小时免费门诊。1917年（民国六年）耿直哗变，省城内巷战，1918年（民国七年）靖国军攻城之役，1926年（民国十五年）镇嵩军围攻西安八个月等，红会医院承担了繁重的救死扶伤任务。1929年（民国十八年）陕西关中大旱，西安城关灾民达十万之众，瘟疫流行，医院除医疗救护外，并设立粥场救济灾民。

抗日战争期间，由于西安接近战区，伤员、难民大量涌来，达数十万之众。红会医院指派医护人员分途救治。敌机频繁轰炸西安时，本院抽调医务人员到西安城南三十里杜曲镇设立分院，从事医疗救护工作。整个抗战期间，红会医院共救治负伤官兵1428人，难民304人，掩埋死难难民138人。

《西安市红十字会医院简介》

❖ 潘应蓬：相声名家"张烧鸡"

老西安谈论起曲艺来，无不涉及一个名字——张烧鸡。而且，许多人也都知道这是著名相声演员张玉堂的艺名。但是，他这个艺名的缘由，知者恐怕就甚寥寥。我是解放初在西安市文教局工作时与玉堂认识的，至今仍相互往还，海阔天空，无所不谈。因此，比较了解他的身世、品德和艺术成就。

张玉堂，原名张阔旺，祖籍天津，1916年7月12日出生于山西省榆次县。父亲靠拉人力车和做小生意养育着八个子女，家境非常贫寒。玉堂儿时只念了一年私塾，便随说评书的大哥阔兴闯荡江湖。1936年只身来到西安，与孟祥林结伴在民乐园内说评书糊口。抗战胜利后，移至炭市街与赵明兰、刘兰芳搭班卖艺。当时的行规是每说五段书就收钱，然后另送一段。一次他说拿手段子《李永春归天》，连住说了六段，入迷的听众还是不停点地鼓掌，要求再说。张玉堂时已精疲力竭，面有难色。听众中一位热心者连忙端来一碗馄饨，让他连吃带喝缓缓气。讵料，玉堂刚接过手还没吃上多少，就大口大口地吐血。从此，大病一场，身体虚弱，再也难以承受大段评书之劳累。但果腹无从，只好改习相声，同赵文增、关宝琦一块儿在游艺市场撂地摊。那时候，说相声有随手打头的陋习，起先是用钱板子，继而是笤帚，最后演变为用湿粗布毛巾打。而且是边说边打，以打在头上脆响来取悦听众。艺人们为了生活，一个个只好硬着头皮忍痛挨打。人们无可奈何地说，这是周瑜打黄盖，一个愿打，一个愿挨。玉堂改行不久，又因劳累过度而嗓音失润，说起相声来常常是伸着脖子，非常吃力。瘦弱的身体，长长的脖子，没精打采，活像一只烧鸡。于是，无聊者给他起了个外号"张烧鸡"。为了吸引观众，对这个明显蔑视性的称呼，张玉堂不仅不予抗争，反而是笑脸相迎，甚至连预告节目的海报上也以"张烧鸡"署名。久而久之，这"张烧鸡"便成了他的艺名；知其张玉堂大名者则慢慢少了起来。解放后，出于对艺人的尊重，一些不知原委的人，谐"烧鸡"之音，曾称其为"张绍基"，甚至现于正式文件之中。用玉堂同志的话说，这简直是天大的误会。

《曲艺名家张烧鸡》

❖ 李保国、张德通：张钫营建"来园"

在古城西安的西南八里处，有一所绿树环抱、风景如画的宾馆。这所宾馆坐落在丈八沟村的西北侧。这里土地平坦，极目远眺，南有巍峨的秦岭清晰可辨，北有宽阔笔直的大道直通市内。"八水绕长安"之一的皂河犹如一条碧绿的彩带从东南方向流来，在这里绕了一弯，流向渭河。这就是有名的陕西宾馆，人们习惯叫它丈八沟招待所。

提到陕西宾馆，熟悉它的历史的人就自然会想起当年的张伯英花园，就会想到花园的旧主，一位辛亥革命时期的风云人物张钫（字伯英）先生。

丈八沟张伯英花园建造于1937年秋至1938年夏之间。当时正处在大片国土沦陷，民族危机深重的紧急关头，张钫空怀报国之志，心情十分苦闷。当时西安又常遭日机轰炸，为保其母及家人的安全就和友人牛策勋等人商议，决定在离城较远、风景优美的丈八沟村附近建造一座花园。

张钫不仅是一个军人，而且是一名文人雅士，他早已迷恋于丈八沟一带、皂河两岸的天然风光，已置良田四五十亩，以备退隐之需。就在此基础上，并入牛策勋提供的五六十亩地，又新买附近农村的一些土地，建造花园的规模约200亩。

张钫十分重视花园的修建，亲自勘测，亲自规划。他决定沿河建园，以园林为主，少建房舍，挑沟为界，不筑围墙。规划内的土地，能买则买，愿兑换则兑换，不违背民意，不强取豪夺。他指示一名姓张的副官负责监造。从逃陕来的河南同乡中挑选二三十人作为雇工，分工负责。

修建成的花园，以东南至西北较长，形状似一个不规则的多边形。皂河从东南角流入，从西北角流出，把花园分成南北两部分，南岸约占五分之四。设有南北两门，正门朝南，虽设而常关，出入走北门。南岸偏东建正厅五间，坐北朝南，廊檐下有明柱五根。正厅两侧盖厢房各三间，前后院占地四五亩，栽有翠竹果树，显得高雅别致。正厅后面还有一座用土堆成的假山。花园周围壕沟深七八尺，挖出的土堆在内侧成一圈土梁，梁内广栽杨柳等树木，十年过后蔚然成林。园内按果树品种分别培植扁桃园、李园、苹果园、杏园等，共占地四五十亩。花房在西南角，栽有玫瑰、牡丹等各种品种。沿河两岸以竹和芦苇为主。还开辟有鱼池，有一座水力榨油作坊。另外的一顷多地主要种粮食作物和蔬菜。饲养骡马近十匹，大车两辆，平时有工人近二十名，在河岸居住。

张钫的母亲在花园居住了七八年，张钫本人因公务在身，住在冰窖巷公馆。张素有孝名，每隔数日就来探望一次母亲，当人们看到大路上有一辆扬起黄尘的小汽车向花园方向驶来，就知道又是张伯英看母亲来了。大概就是这个原因，张钫给自己的花园取名"来园"。

这所庞大的花园平时十分清静，但也有热闹的时候。张钫闲时，偶尔也约一些名人挚友来此踏青消夏，吟诗作画，文人名士们的雅兴，也会给寂寞的花园带来一点欢乐。若逢其母在此做寿，更是热闹非凡。达官显贵、社会名流接踵而来，一辆辆小轿车、吉普车相继开入。门上张灯结彩，园内鲜花似锦，一派节日气象。张凤翔、张云山、王益三、王芳、寇遐、牛策勋等辛亥时的好友自不用说是有请必到的，就是一些"党国"要员也咸来助兴。张母喜看家乡豫剧，名艺人常香玉和张府关系甚密，更是逢寿必拜，每到必唱。每逢搭台唱戏放映电影时，远近群众都可观看。

张钫为人和善，不摆官僚架子，对当地群众生活也较关心。他要求花园管家对当地百姓不要过分刻薄，要注意影响。他家的油坊，允许群众来榨油，由于没有围墙，大人小孩常可进花园搂柴割草，夏收时可以拾麦子。有次，花房工人向张钫反映村子里有人常摘花房的花和果子，张钫派人去传一名姓邢的保长，邢当时有点紧张，因为官府传唤往往凶多吉少。但张却把他让到客厅，叫他坐下，非常客气，只是让他向百姓讲讲，不许再到花园乱攀折花木、鲜果，还向他询问了当地百姓的生活情况。

民国三十三年，丈八沟附近五个村子群众办了一所小学，因连年农业歉收，学校办不下去，大家商议想请张钫出资助学。张钫建议演戏筹款，他请了戏班子，在附近的木塔寺搭台演戏，并派军警维持治安，戏演了两天，由于附近"军官总"那帮无赖的破坏只好中途停演。这次义演虽没有成功，也反映了张钫先生对当地群众的关心。

1949年全国解放前夕，张钫随军退守川西，在中国共产党政策的感召下，决心弃暗投明，宣告起义，为解放军入川做了许多有益工作，使十万军民免遭战火，曾受到党中央的特电嘉许。

《张伯英和他的丈八沟花园》

❖ 王涤新："商栋"鲁锡九的生财之道

鲁锡九在1941年以前，经营商业运销业务，1942年改组经营银钱业。他在经营商业方面有几件取得成功的法宝：（一）重用人才，恩威并重；（二）恪守信誉，招徕远商；（三）恒念商艰，服务热情；（四）重视礼节，情重礼周。

他遴选职员是从学徒中选拔。选用学徒的标准，一要品学兼优并能写毛笔字，二要仪容端庄，举止大方，如符合这两个条件的始能录用。录用进店后的考察阶段，看是否勤快，是否忠诚老实，是否勤学好问，否则在每年农历正月初六的人事去留会（俗称"说话"）时，就被"砸锅"（意谓不能混吃大锅饭）。有的学徒由于家境贫寒不愿回家，托人说情又叫"联锅"，可留用察看一年。他就是这样反复不断地筛选学徒，优者留用，劣者淘汰。经留用的优秀学徒，因材施教、提拔使用。具体办法是：分配跑街（调查商品行情或联系客户）的由老职工以师傅带徒弟的方法培养；分配管账的协助主管会计处理日常账务，叫"帮账"；分配当"庄客"（驻外地采购或推销商品的人）的，协助主管人办理日常业务，就是这样有计划地定人、定业务进行传帮带培训职员。对职员和学徒的报酬采用年薪、年奖制，每年农历除夕由经理根据职员、学徒全年成绩情况确定年薪、年奖，有多有少，区别对待。除了明奖外，还有暗奖。在每年开市前，用包好的红纸包，放在人不注意的地方，暗嘱少数优秀职工，背人去取。他就是这样煞费苦心地诱导、激励职工为他服务的积极性。红色纸包究竟包钱多少，别人不得而知，据说多少不等。他经常告诫职工：恪守商业信誉，不仅是商业道德问题，也是企业兴旺发达的必守准则。他常说十分利饿死人，一分利撑死人，不讲商业信誉，欺骗顾客，路子必然越走越窄。所以他经营的企业遐迩闻名。不少外地企业汇寄货款，委托代购、代发指定商品。兰州德义恒国药店经理马某某，陕西富平人，在兰州经商致富，拟在西安购置房产，委托他代办，汇来银币三万元。受人之托，他很负责地代为购得本市盐店街原富秦钱局旧址房产一幢，并为之代管。在旧社会没有良好的信誉，是得不到人们的信赖的。由于确守商业信誉，所以他经营的企业蒸蒸日上。他乐于助人，无论同业或商旅等发生困扰，有求于他者，凡力所能及的无不应诺。由于他善于奔走调停和排难解纷，深得同业和商旅的推崇，被誉为"商栋"，意为商界中栋梁之材也。他一贯重视礼节，每遇外地和他素有往来的工商界知名人士及与他业务关系笃厚的企业负责人来西安，他必为之躬亲迎送，接风洗尘，其重视人情、礼节周到，为职工树立了榜样，也是他招徕远商，促进业务发展的因素之一。

1949年西安解放后，在人民政府"发展生产，繁荣经济，公私兼顾，劳资两利"的政策指引下，他和刘寿山等集资开设大众机器米厂，对解决解放初期南方基建工人支援西安经济建设的吃米问题起了有益作用。

《记西安工商界知名人士鲁锡九社会生活二三事》

❖ 张广效：鲁迅与阎甘园的会晤

1924年夏，鲁迅先生应西北大学和陕西教育厅暑期讲习会的邀请，从北京来西安讲学。鲁迅先生到达西安后，决定拜会阎甘园先生。7月19日，阎甘园先生起得特别早，他对时年18岁的儿子阎秉初说："今天你将堂屋打扫干净，并将我收藏的珍贵碑石拓片、文物以及字帖、指书、指画都按顺序摆好。王捷三（陕西人，时在北京哲学院就读，随鲁迅先生同来陕）给我打了招呼，有位仰慕已久的客人要来。"阎秉初好奇地问："爸爸，这位客人是谁？"阎先生说："这位客人就是鼎鼎大名的鲁迅先生。你一定要把反映清初绍兴文士活动的《续兰亭修禊图》放在手边，以备周先生观看。周先生博学多才，为人严谨，不谄媚高官显贵，不怠慢下层人士，是受大家尊重的有识之士。你与周先生见面后，言谈要谨慎，举止要有礼节。"

下午3点左右，王捷三、李级仁（当时任西安东关竟化学校教师），陪同鲁迅先生及北京晨报记者孙伏园、北京师范大学历史系教授王桐龄、东南大学国文系教授陈钟凡、南开大学哲学系教授陈定模、北京大学前理学院院长夏元瑮等，同到阎先生家中。阎先生在客厅见到鲁迅先生后，忙上前握手道："久仰先生大名，今日幸得相见。"鲁迅先生谦逊地回答："哪里，我是徒有虚名，陕西人请我讲学简直是受骗了。倒是先生我在北京就听说了，今日慕名拜访，甚为欣喜。"阎先生又与其他来客一一施礼拜见，宾主入座品茶时，阎先生叫阎秉初拜见周先生。阎秉初立即上前说："周先生在上，受小侄一拜。"言罢就向鲁迅先生下拜叩头。鲁迅先生连忙起身离座笑着说："你是青年学生，还讲这旧的封建礼教，快快请起。"随后，阎先生就让阎秉初取出元代大画家滕用亨的《云山晚照图》请鲁迅先生与其他客人欣赏。鲁迅先生观画良久，深有感触地说："阎先生能收藏元代名画，实为难能可贵。"阎先生告诉鲁迅先生："我学画，深受这幅杰作的启发，从得画到现在，几乎天天都要欣赏几遍。"鲁迅先生说："阎先生避官不就，见画成癖，悟出了如何做人的道理，与我有相通之处，但愿吾辈同道行走，共同做人。"阎先生连声说："愿听先生赐教。"阎秉初按照父亲吩咐，依次取出《侯小子石碑》拓片、文物古董、字帖、绘画等请客人一一过目。当鲁迅先生观看《续兰亭修禊图》时赞叹地说："李太守和袁牧、毕沅等几十位名人学士，在我的家乡欢聚一处，吟诗作画，画家又把每个人的神态画了出来，真是难得的好画！"鲁迅先生和阎先生告别时，握着阎先生的手说："炎夏遇知己，可算同路人。"过了两天，阎先生又对儿子阎秉初说："鲁迅先生赠送你一个精制的墨盒，一定要好好保存。"阎甘园在西安见到鲁迅已成为他一生中的重大事件，而鲁迅先生对这次会见也留下了深刻的印象，他在日记中写道："七月十九日午后，往南院门阎甘园家中看画。"

《阎甘园生平事略》

❖ 雷鸣谦：雷云章给慈禧看病

清光绪二十六年（1900），八国联军占据北京前，慈禧太后和光绪帝逃来西安，住在北院（今市政府）。第二年上半年一天，慈禧偶然生病，经太医多日治疗不愈。太监李莲英来到雷云章家，请雷给太后看病，雷以漆工谢拒。李言有人推荐，不可推却，也不必害怕，佛爷不会见怪于你。在强迫之下，雷只好答应，并在途中询问见到佛爷时宫中之礼节，李莲英一一告知。

到了北院，拜见慈禧后，未言诊脉，太后先考问雷《本草纲目》上一个药名，要雷答出其产地、药性与作用，雷一一答出，太后拍案称赞："答得好！"遂让雷诊脉，在诊脉时要与太后并坐，中医诊脉的规矩是男左女右，给太后诊脉，当先右后左。雷坐太师椅先脉右手，未坐时先把椅垫黄色金龙缎面翻下，露出红色金龙缎面才坐下，诊左手时亦如前样。诊毕，雷先向太后索要已服前药方，太后命李取来，雷看后说："太后休养很好，太医认为佛爷操劳国事影响了身体，全用补剂。其实佛爷病是外感，需发表，因用补药，所以延长多日不愈。"太后听后很赞同雷的诊断，命雷写处方，太后看过处方很喜悦，遂命李莲英取来50两银子送雷回家。

慈禧病愈，一日，又命李把雷医生请来，雷以为太后又发病了。去北院后，太后很健康，拜见后，太后问雷家庭情况，雷一一告知，太后很赞成雷母教养儿子辛苦，随命李取来笔墨，写了"冰霜矢志，金玉盟心"八个大字，并恩准给雷母建立牌坊，旌表雷母苦节。

《漆匠给慈禧看病》

❖ **陈靖：** 现代水利之父——李仪祉

1928年夏，国民党建设委员会主席张静江，慕名聘请先师李仪祉为华北水利委员会委员长。先师恢复了河北五大河与黄河上的大量水文站，为治理黄河、海河等积累了很多宝贵资料。他不顾河北省与外国领事组织的海河委员会的干扰，决定以永定河为重点，专心研究治本计划，为华北水系治理指出明确方向。先师曾派我在恢复后的陕、川黄河与献县牙河等水文站工作两年。先师常教导说："我们现在只能做些勘测工作，但这是未来治理黄河、海河的主要账本，每一次主要洪峰与含沙量，都关系将来治理工程之成败，所以工作一定要认真，要以一丝不苟的精神，艰苦工作，切不可马虎大意。"其对科学之忠贞，同仁无不敬仰。

1929年，先师兼任北方大港筹备处主任，倡办华北灌溉讲学班。夏，政府想以导淮名义与英国交涉退还庚子赔款，设导淮委员会于南京，并想借先师之名有助于外交，遂又调先师任导淮委员会委员兼总工程师及工务处长。时先师亲赴淮河上下游查勘并视察运河，与副总工程师项君悌精心研究制定导淮计划，同时又兼任浙江省建设厅顾问，设计杭州湾新式海港。起先政府对中国专家不甚信任，特请法国水利专家方修斯来华参订导淮计划。方氏与先师共事日久，为先师德才折服，竟称先师曰"佛"。先师其道德才华与爱国精神，在国际间影响之大于此可见。

▷ 李仪祉

先师风尘仆仆，奔走于祖国各地，勤勤恳恳地查勘访问，写下了《华北的水道交通》《汉江上游之水道》《永定河改道之商榷》《中国水利前途之事业》《黄河及其治导开展》等论文，对我国水利问题探讨研究之深，涉及范围之广，实为近代罕见。先师虽身在津宁，但终不忘引泾工程。1929年，他致函赵宝珊云："弟自十一年回陕，乡人之属望愈切，弟心神之苦痛愈甚，荏苒光阴，去我如矢，前后五年，终无一事可慰我乡民者。去年冯公来，注意郑白，弟引谷口，遍告乡中父老，谓播云挟雨，不日可期。若如期未至，终为画饼，于是弟羞见父老！"又云："陕西父母之邦，弟何爱于涂山，遂忘泾渭。当局有兴工之决心，聚集可靠之经费，弟亦不再当局长，但界以工头之职，看铺径施，弟即愤然归矣。"又云："引泾之事，时局负我，我负希仁。他日干戈载戢，政府有意兴办，尚欲高涉仲山之顶，望小字辈努力成功也。"其对陕西水利期望之切，责任之重，百折不挠，矢志不移。

《李仪祉先生与中国水利》

❖ 肖淑琴：樊粹庭创办狮吼儿童剧团

樊粹庭，河南省遂平县人，河南大学毕业。自幼酷爱戏剧艺术，学生时代即屡屡自编、自导、自演短小精悍的节目。1934年辞去河南省教育厅社会教育推广部主任之职，于开封创办"豫声剧院"，正式"下海"。七七事变爆发，愤于日寇入侵，取"醒狮怒吼"之意，改"豫声剧院"为"狮吼剧团"，编排上演抗日爱国豫剧。汴京沦陷，率团浪迹中原，历尽艰辛。1940年秋，辗转来到西安，以剧目新颖、思想性强、阵容强大、台风严谨而称著古城。1942年4月，由于"台桩子"陈素真带着部分戏箱他往演出，原有班底遂趋解体。这对樊先生是个沉重的打击。他犹豫徘徊：是改弦易辙另谋职业，还是一往无前地献身艺坛？为了从事戏剧，昔日曾同父母闹翻，却身官场和放弃出国留学机会，今天怎能一时受挫就改变初衷呢！他下定决心，要干下去。当年秋天，重整旗鼓，招收30余名流浪街头的豫籍难童，办起了西安第一个豫剧科班——狮吼儿童剧团。我就是从这儿走上艺术之路的。

1942年秋，狮吼儿童剧团成立之初，一无戏箱，二无训练场地，樊先生便带着我们30多名十二三岁的难童到北关二马路庞老四的小剧场安营扎寨。当时，二马路一东一西的两个剧场都是烂席棚、土台子，十分简陋。

庞老四的剧场舞台东边有三间未安门窗的破草房，大点的一间做厨房，另外两间，一间是樊先生的宿舍兼办公室，一间内住着王景云、王景先、关灵凤等我们一帮女学生。石兆明、孙建章、温好德、孙鸿翔、董有德、张富贵等男学生则住在紧靠舞台西边的房内。那时候，我们一天只知道练功，啥也不操心，可我们的樊先生却头戴旧礼帽、穿着褪了色的灰长袍，经常外出奔走。因为我们30多人每天要吃要喝，还要请老师来教戏。这些都需要钱哪！手头已经拮据的他，只得东找朋友借贷，西求同道援助。在我的记忆里，樊先生的挚友、著名画家赵望云先生曾举办个人画展，为"狮吼"筹集资金；豫剧名家汤兰香也曾为我们捐助义演；社会名流慷慨解囊捐款、赠物者亦不乏其人。这些，对樊先生办好狮吼儿童剧团都是极大的支持和鼓舞。

樊先生在千方百计筹资的同时，还积极设法给我们觅寻老师。武功方面，请来了京剧界久负盛名的韩盛岫先生；文戏方面，张金贵是我们唯一的正式老师。由于师资力量不足，大师兄张敬盟有时也指导我们练功。功练到一定程度，就该排戏了，但却没钱聘请教师。就在这困难的时刻，西安易俗社伸出了友谊之手，派雒秉华、宋上华、杨令俗等名家，先后给我们排了《哭祖庙》《拷红娘》《杀狗劝妻》《龙门寺》等小戏。

虽说条件那样恶劣，生活是如此艰苦，但在樊先生的关心、爱护和教导下，我们这帮难童个个勤奋、刻苦，不到一年时间，除去易俗社老师教的四出小戏外，还学会了《商平关》《走马荐诸葛》《敬德打虎》三出小戏和《虎丘山》《白江河》两大本戏。一经公演，倾倒观众。从此，西安各界都知道北关二马路有个娃娃班豫剧唱得好。狮吼儿童剧团就是这样走向社会，成为古城戏坛一株鲜艳的奇葩。樊粹庭的大名也愈来愈为省内外豫剧观众以至全国戏剧工作者所熟知。

《樊粹庭惨淡经营狮吼儿童剧团》

❖ 黄关："洋学生演员"宁秀云

　　宁秀云，1932年4月8日出生于古城西安的一个小商之家。父亲宁炳鑫在西大街南侧的琉璃街开小炭铺，是个典型的秦腔迷，与王月华（易俗社名旦）、肖正惠（正俗社花旦、武旦）、韩正满（正俗社名青衣）、晋福长（三意社名丑）等众多的秦坛名家都是好友。这帮人演出之余便到宁家小炭铺闲聊。尚在襁褓之中的秀云即经常由那些伯伯叔叔抱着去戏园子看戏。耳濡目染，七八岁时她就能哼哼唧唧地唱"徐翠莲来好羞惭……"和"老娘不必箍纷纷……"等一段又一段的乱弹。虽然稚气十足，也不尽和板路，但嗓音清脆甜嫩，十分悦耳。王月华等慧眼识英才，一致认为这是一个难得的旦角好苗子，遂予顺音理调，示范动作，潜心培养。个人天赋，名家传艺，秀云10岁就能登台演出。历读小学、初中和高中期间，她坚持课余练功习艺，不时搭一些班社票演。幸得秦腔正宗李正敏及著名导演惠济民等人调教，演技更趋成熟。当时，她对《断桥》《起解》《三回头》《五典坡》《天河配》《棒打无情郎》等秦腔传统折子戏和本戏已非常谙练娴熟。不久便轰动西安，誉满关中，人称"十岁红""洋学生演员"。

《秦坛"阿庆嫂"宁秀云》

❖ 柴时斋：德高望重的商务会会长王怡然

　　王怡然先生是在清末以至民国年间，西安商界中处事公正，声威并隆的典范人物。

先生于1919年就任西安商务会会长。彼时正是军阀割据，内战频繁，社会动荡不安，粮价亦常大幅度涨落，而且交通不便，资金周转迟滞，做生意确是艰难。而官家之摊派借款杂役又纷至沓来，商民穷于应付，求饶不得，控诉无门。先生身为会长，却能取得应付之道，其法亦极平易。

先生担任会长期间，因本人纯洁公正，遂敢于大胆直言，曾多次与军政折冲，均能取得合理解决。兹举一例言之，一次军方要借十万元，先生摆事实，讲道理，交涉结果减为五万，分期交款，并且办到按期归还。这就官商兼顾，既解决了军费问题，也减轻了商民负担，更重要的是使业务不受影响，市面照常稳定。先生对待军政借款派款，总是诚恳协商，以商民承担能力为准，达到官商兼顾。一生非公事不入公门，以是取得公私各方的信赖和尊敬。

先生于1930年二次被选为商务会长，直至1938年逝世为止，在此漫长的岁月里做了不少有益于工商事业以至安定社会的工作。1930年9月，杨虎城将军由豫西转战进陕。此时，刘郁芬撤走，西北银行随之倒闭，所发行之流通券，已成废纸，因而富秦钱局的铜元券逐渐失信，市面上已发现拒收。杨虎城将军召集大老协商，请由王会长负责维持。先生号召全市商户放心使用，铜元券得以照常流通，保持了市场稳定，避免了钱局挤兑。

《西安商务会会长王怡然先生略传》

❖ 李秀峰：张子宜筹办西安孤儿教养院

张子宜先生用毕生的精力创办的孤儿院，曾救活了大批在饥饿的死亡线上挣扎的儿童，并使这些儿童学会了谋生的本领，成为社会有用的人。创业是艰难的，特别是在苦难深重的旧社会，创业更是难上加难。但张子宜先生坚信自己的事业是有益于社会的，以惊人的意志和毅力，克服一个又一个困难，使孤儿院从无到有，从小到大地发展起来。西安市民对张子宜先生创办孤儿院给予充分的肯定，当时流传的歌谣"陕西水利局，西安张子宜"就是一个很好的说明。

张子宜先生利用辛亥革命的一些老关系的支持，于1920年9月9日正式创办西安孤儿教养院。地址在西安城内东北角（西安广仁医院北边，广仁医院就是今天西安第四医院）。郭希仁先生首先赞同并书院牌。后又得到冯玉祥先生的大力支援（冯将军捐地100亩）。在国民党左派人士于右任、邵力子、张学良、杨虎城，西北军将领石敬亭，上海一无名氏义捐巨款及陕西省无数先贤的大力支援下成立了西安孤儿教养院。建院初期，条件异常艰苦，缺少资金，缺少劳力，张子宜先生从不灰心，曾多次自己拾砖头为建院积累一砖一瓦。当时建院时，仅有土地20亩，办公室一间，教室两座，学生宿舍五间。那时只收男童，没有女孩，第一期仅十余人。教员一名叫李叙田，事务一人叫满松年，还有一名保姆叫王青姑。在这样艰苦的环境下，张子宜先生仍主张多收一些孤儿，尽量能够多拯救一些幼小的生命。张先生不但整日忙于事务，还不遗余力地到处奔走呼吁筹集募捐，使院内逐渐成立了制鞋科（科相当于手工业作坊）、缝纫科、制革科、织地毡科、织袜科等。让年龄大一些的学生一边读书一边学习生产技术，即工读并进，使不少孤儿学到了生产技术。今日西安有些有名的手工技师就是当年孤儿院学生（如西安人民制革厂技师李子春）。当年孤儿院生产的产品（包括地毡鞋袜、皮货等）数量和质量相当可观（特别是地毡不但经销内地各省，还销国外）。一部分留作院内自用，另一部分外销，以增加院内收入。随着院内经济力量的增长，张子宜先生主张尽量多收孤儿，因此在孤儿最多时达到上千人。孤儿院的宗旨就是救济贫弱。孤儿大多数来自因灾荒而破产的农民家庭，城市儿童很少。其中关中地区兴平、武功、扶风、岐山、眉县为最多。不少孤儿在进院时年龄很小，以至于记不起自己的亲人的名字和形象，也不记得自己的籍贯。抗日战争开始后，日本飞机经常轰炸西安，张子宜先生为了安全起见，将孤儿院院址迁往翠华山下太乙宫。原西安旧院址的房屋出租，其租金作为院内收入。在太乙宫，张先生倾其全力将新迁来的孤儿院修建并完善。除了原有的几个作坊外，还集资购买汽车搞运

▷ 张子宜

输，开辟空地建菜园，扩建了教室，增设了医疗室，先后建房达600余间。院内学生宿舍分男院、女院，成年男子不得随意进入女院。女学生一般文静，守规矩，爱清洁。男孩子则差一些。随着院内财富的增多，吸收的孤儿也越来越多，因此院内在财政收入上一直都很吃紧。张子宜先生不但拯救了成千上万名儿童的生命，还为他们以后的谋生考虑。当时院内凡能考上西安的中学和师范学校的学生，一律给予资助。由于张子宜先生苦心经营，积劳成疾，患了严重的肺病，吐血不止。张先生为了尽快恢复健康，除了祷告上帝外，为了呼吸新鲜空气，数年来一直露宿屋外，春夏秋冬皆不例外，加上饮食、药物的综合治疗，逐渐得以康复。

《张子宜与孤儿院》

❖ 王鸿绵：封至模率易俗社赴京演出

九一八事变以后，日本帝国主义的暴行引起广大爱国人士的愤慨，文艺战线上的爱国志士用自己的笔、画为武器，同民族的敌人进行战斗。封至模在民族危亡国难当头之际，也没有忘记这一神圣职责，1935年他改编排演了历史剧《山河破碎》《还我河山》等剧，以激励国人的爱国思想，唤起战士的守土杀敌精神。1937年初夏，日寇魔爪已经伸向华北，当时原西北军冯玉祥部二十九军已调驻北平，军长宋哲元任冀察政务委员会委员长。为稳定北平人心，鼓舞部队士气，这位委员长因为他的部下多系西北人，便邀请西安易俗社前往北平演出。易俗社组成了强大的演出队伍，由副社长耿古澄、训育主任兼戏剧指导封至模二人率队，带着一组描写民族英雄抗敌救国的剧目，奔赴抗日前沿。

封至模一行6月6日到达北平后，便在中山公园来今雨轩招待新闻界与戏剧界知名人士，封至模代表易俗社向社会的数十位来宾汪侠公、翁偶虹等人介绍了该社概况及这次赴平演出的使命。他们从9日起在怀仁堂等处为冀察政务委员会的委员、顾问、参议、二十九军、冀察驻军以及北平市府各局、机关、新闻界、各大中学校教职员工演出了《山河破碎》《还我河山》《淝水之战》，观众反映强烈。《全民报》上刊登了怀仁堂演出《韩世忠》（即《山河破碎》）的盛况，并沉痛地指出："当此国难严重之日，实与宋朝无二致。宋时昏臣懦，畏敌如虎，因循苟且，只图贪生，抗敌之士，不能见容，奸佞当权，卖国误国，卒至沦为异族"，赞扬"此剧写历史的伤痛，促民族之觉悟，振聋发聩，立懦警顽，实对现时之中国当局，下一针砭"。"方今举国民众，抗敌殷切，故亦极欢迎此抗敌救国主义之民族佳剧也。"《全民报》于6月30日还发了署名"闲云观《还我河山》后题词"一首：

靖康奇耻几经秋，膻雨腥风感不休，
半壁豪辞留正气，唤起袍泽赋同仇。
朱仙抗战走风雷，直捣黄龙才举杯，
组练三军能用命，气吞胡虏见雄才。
十二金牌万众谣，长城自毁壮图销，
狱成三字莫须有，激沸秋江泛怒潮。

兴亡遗恨付清波，寄意弦歌感慨多，

错采缕金凭妙笔，起衰振懦费吟哦！

当时不仅《全民报》连篇累牍地发表赞扬文章，《大公报》《京报》也多次发文予以评介。7月7日，封至模在《京报》发表文章，介绍自己改编《山河破碎》《还我山河》两剧的写作意图。他说："文学是时代的反映，戏剧是大众意识的表征，在家破国亡的时候，是冲锋破敌的号角。……两剧算不得如何的剧本……唯一的希望，是不要把它当作过去的历史看……一个国家或一个民族到了被外族侵略，国将不国的时候，总有几个大或小的汉奸，媚外卖国为人奴役……或将国土，拱手送人。"而"李纲一力主战而被谪，岳飞以恢复自任而遭害，韩世忠、梁红玉功勋盖世而至退休……观此而不扼腕而叹，奋臂而起是无人也。……再回观现在的中国，现在的中华民族，现在国人的民族意识，是否与南北宋相若？！……我们只有大声喊着：'山河破碎了！''快还我河山吧！'"

当晚，日军进攻卢沟桥，占领宛平县城，截断了北平通往天津、保定的路线。封至模率领的易俗社演出队，于平汉线的最后一次通车时机，告别古都北平返回西安。

《为戏曲艺术事业奉献终生——封至模事略》

❖ **曹希进：**"韩神仙"及其明新善社

韩荫民，陕西蓝田县杨公子村人，1879年生于一个中等农民家庭，幼年读过村中私塾，一度从学于蓝田名宿牛兆濂，17岁由同村人带他到周至县祖庵镇一个大昌染房做学徒，平时喜读神怪小说。祖庵镇接近终南山，终南山为千百年来僧道们委托为神仙栖真养性之区，遂放韩以弃家学道之心，在他三年出师后，分别留书其父母及染房店东，诡称其外出访仙，不辞而别。在周至县所属之终南镇以南25里，为关中最负盛名之道院——楼观台，在丛林中独具一山峰，分为上下两院，下院为其庄园，上院则为道士们坐功养性之处，韩即直趋上院，坚求收录，前后仅历五年，一日忽向人宣称，他已于坐炼中独得"大道"，深获神仙吐纳之法，可以超凡入圣，居然侈言，以悲天悯人之心，自愿再入苦海，拯救亿万生灵。约在辛亥这一年春天，他又不别而行，回家探望了一次他的父母，转而到西安僦居在马神庙巷十一号，以代人"吹气疗疾"开始，继而代人谈其休咎，自称由于功高道深，目中已发"性光"，远之可以洞察千百里外事物，丝毫毕露，近之可以光烛幽冥，代人招致亡魂，传者又故神其说，遂使惑者日众。1914年（民国三年）教育界名宿李葆亭，以精神术代人治病的雷敬先、吕益斋等，均以道友身份，为其规划组织，援引古书中的"大学之道在明德，在新民，在止于至善"之义，定其名为"明新善社"。从此，这个迷信欺骗道门，便从这个幌子下面公开地活动起来，以至西安解放。

他自称其"道"系采取儒、释、道三家理论精华，熔于一炉，在修养方面入手，采取道家的"诚忌正心，反己内疚"。其次采取道家的"炼精化气，炼气化神，炼神还虚"。最后则采用释家的"证真断惑，了觉超尘"自谓已集三家之大成，而熔他的一炉之中，又由总的方面来说，系以"劝人改过"为基础，信其道者，上者可以了道、证真，次者可以修己治人，下者可以延年益寿。他便是根据他上述的一片谬论呓语向人标榜，使当时社会中的各阶层，首先是些上流分子，逐渐皈依到他的门下，成了他以后30年中向外扩张的基本骨干，这些骨干也确实为他出过一些死力，为他组织规划，到处宣扬。

其次便是对于一般群众的收揽方法，毫不趋重理论，系直接代人"看病"和"问事"入手，病人向他求医时，他素不问病历，不切脉，不服药，不收诊费，但令患者先入其佛坛向神叩头，保证在病好后，须信奉其道，加入善社，在诊病时他只令患者站立一旁，由其口中嘘气吹之，然后向患者喊出一声："好了好了去吧。"无论患者系属外科或内科病症，据说经此用口一吹即愈，有时求诊者过多，他不耐烦一一吹气，便令患者排成一队，用扇向患者从排头至排尾，用力一扇，亦同样连喊"好了好了去吧"，这一种欺骗人的方法谓之"吹气疗疾"。

此外群众中有问事的，有寻人的，有找失物的，他仅一运气，一闭目，即在千百里外，或已相隔多年，他都随着问者的口述原委，任意编造解答，自谓毫厘不爽，但是听者呢，却感觉似是而非，牵强附会。甚至有人思念其已死之亲属，不论死在何处，死去多年，他凭借他的道法，随时可以招致亡魂和他接谈，这一种骗人的方法，又谓之"性光"远照，一时辗转相传，轰动远近。每日由晨至夜，求医及问事者，途为之塞，一再引起警局之驱散闲人，以维持秩序，终因其徒众中多据要津，曲为袒护，警局亦无可奈何。韩之声誉，由此而格外鹊起，一致称之为韩神仙，又称之为活佛，而明新善社之名，转而知者较少。

《韩神仙及其明新善社》

❖ 歌红：沈伯超妙手回春

沈伯超在32岁学医时，颇感中国古医药典籍在理论上缺乏现代科学的解释，所以他当时便购置了大量关于人体生理解剖方面及西医的著作，以便相互印证研究使中西结合（用西医的病理，用中医的方药）。当他看到当代名医谢利怀经40年的精力编撰的《中国医药大辞典》时，便深为这位前辈的毅力和气魄震惊、鼓舞。在接触到日本汤本求真的《皇汉医学》以及陆渊雷的《伤寒今释》和《金质今释》时，更触发他感到中西结合的必要性以及独树一帜的雄心壮志。

1943年，他在东木头市的诊所创办了《平民医药周刊》。他的《沈氏病理学》《沈氏儿科学》《沈氏妇科学》等，便长篇连载发表在这个刊物上。记得程友仁的《妇科学》也在上面刊载过一些章节，西北各省的少数医生也偶尔撰稿，如兰州的中医刘星元先生就在这个刊物上发表过文章。

沈伯超由于创办了《平民医药周刊》，因而名声大振，不仅医药界知道其人，就是一般的社会人士也对这个能著书、创学说的中医大加敬佩，因而沈的业务日趋兴隆。沈这时为了进一步开展业务，便自制诊例，军教员半费，赤贫免费，因而患者激增，门若闹市。在最红火的时候，日诊常达300多人。不仅如此，就是国民党的高级将领关麟征，也在1944年请沈到户县给其母亲治病。关母当时所患何病，详情我已记不清了。但是不管怎样，关母的病当时确是由沈诊疗得痊愈了。从此，沈便经常应邀到宝鸡、三原、扶风、蔡家坡、华阴等地出诊，收入很好。记得1946年，当时西安青年作家徐谦夫的爱人久患腹病症，经沈医治疗，还是马鞭草、连翘等药物，但一剂奏效，竟除沉疴。从此徐常对人说："沈伯超真不愧名医，一剂药的确做到了妙手回春。"

《沈伯超在陕行医始末》

❖　吴云芳：无故停办西安女中

　　省立西安女中，是在抗战前成立的。首任校长，也是筹备成立的人为李蓊仪。她筹办这个学校耗尽了心血，费尽了力量，在全省中等学校当中，算是设备比较完整的一个学校，但在成立后的第三年，震惊世界的抗日战争爆发了。为了避免日寇飞机的乱肆轰炸，教育厅长周伯敏，即令女中迁移至陕南西乡，继续上课。到了1939年春季，厅长易为王捷三（王原为西安高中校长，学校也同时迁至陕南洋县），到厅不久，就下令把女中停办了，各班学生则并入西安女师（这个学校也是同时迁至西乡的）。而对于校长李蓊仪，竟无下文，不予安置。但李蓊仪是一个艰苦奋斗的教育工作者，凭她的热心毅力，就在这年的夏季，创办了一所私立仪祉农业职业学校，校址选定在泾惠渠旁，泾阳永乐店附近。这个农校的宗旨有二：一为纪念闻名世界、兴办陕西水利成功的水利工程家李仪祉先生；一为培养青年成为手脑并用的劳动者。可是，她把这个学校建立巩固，有了些基础以后，由于多方奔走筹划经费，竟致积劳成疾逝世。她的学生，遍布于关中，至今，一提起他们的校长李鬚仪，犹怀念不已。

《解放前陕西教育的点滴回忆》

❖ 胡文轩：陕西新办邮政的趣闻

陕西有现代邮政，是在清光绪三十一年。那时邮局设在西安南院门图书馆附近，规模很小。以后迁到南院门右前方现在邮电所地址。民国后始修建东大街两层楼房的邮局，已经是很高大的楼堂了。

大家都知道，在没有现代邮政以前，官府书文是靠各地驿站投递的；民间书信则由民信局收送。但民信局邮路，只限于有限的交通大道。如西安到太原、到兰州、到成都和打箭炉（京室），才有信班。这因为山西人在陕西做生意的多，陕西人在甘肃、四川做生意多的缘故。除过邮路所经过的主要城市外，其他偏僻部分是不能投递的。而且费用极贵，一封路程较远的信，即需交上数两银子的费用。特别是时间上很难确定，他们不是定期发班，而是要等收到一定数量的信，计算所需费用够上往返川资并有多余时，才能启程。因此，虽有民信局，对广大群众通信仍是不便利的。

另外，那时还有一种脚户捎信的办法。西安东去临（潼）渭（南）、西去咸（阳）兴（平）、北去泾（阳）原（三原），每日都有运送客货的轿车在脚市上揽客揽货。这些脚户（赶车人），都是经营本行信誉昭著的人，商民遇有需要投递的信件，一清早都拿到脚市上去，交给前往某地的脚户带往，并须写明送到后付给钱若干，算是费用。记得那时去泾原的脚市设在北院门，大概托捎一封信，得给制钱一百到二百文。这样，远路上的信仍然不能投递。

现代邮政办起后，规定内地各省不论远近一封信只收费用八个制钱，新疆、东北的加倍。虽然当时邮路开阔的还少，但总比民信局所能投递的范围普遍多了。但是人民沿于旧习，认为哪有这样便宜的事，唯恐上当误事，有信也不敢交寄。因此邮局生意清淡，门可罗雀。急得主持的外国人（那时邮政由外国人揽权，直到大革命以后才收回自办）每天一大早赶到脚市上去，他不但宣传邮政的迅速、便利、省费、可靠，有时还对捎信人一面解释，一面抢信。结果弄得力竭，满头大汗，群众还是不信任，仍然把信交给脚户捎走。有一个人，也可说是接受新事物的先行者。他有一封寄凤翔的信，拿到邮局去交寄，局里人说明去凤翔三日发一班，大约三天就可以收到。但这人虽把信交寄了，仍有些不放心，到了第三天特地去邮局查问，果然那天真正发班了，而且后来知道信也按时捎到了，才放下了心。从此慢慢传开，人们逐渐相信邮局了。

到了宣统二年（1910）驿站撤销，民信局也不存在了，邮政业务才进一步开展了。

由此可见，社会上旧习惯势力的可怕，新的事物哪怕是有百利而无一弊，人们最初总是抱着怀疑的态度甚至发生抵触情绪。清末淞沪铁路一度被当地人民拆毁和陕西公路人民一度拔了几十里的电杆，也是这个道理。

《几个小掌故》

❖ 姚季久：棉花行的"三压"内幕

一是压价，主要对象是棉农、散商（花饭子）以及乡镇、外县花店等。找花行门前的买卖，当然是棉滞销的时候，因为货主有种种原因，急于用款便上门卖花，我们却借故推诿，强调一些困难拒购，而又假惺惺地装出一副同情的样子，"货到市头死"，货主只好廉价脱售，我们便以为朋友，同行帮忙的姿态，贱价购得好花。到抗日战争后期，通货恶性膨胀，政府对棉花实行管制"评价"，实际越评越高，形成黑市，一般棉农、棉商惧怕没收，即照评价的志愿卖给花行，压价就更得心应手。二是压秤，对于一般零星买进，用的是十七两秤（一般秤是十六两一斤），甚至有用十八两秤的；而对大批交易或已打土包者，用的市秤九八（一百斤以九十八斤准而且市秤小）。本来这是一种"大秤小斗"的强取暗夺行为，久而久之，反成了名正言顺的陋规，把多收的，美其名曰"秤耗"（亦叫水耗）。三是压级，本来棉花是不分等级的，只有优劣两类，也只是花行自作主张，以欺骗棉农，即为棉农拿来优棉花，向来花行也是一混子收进，然后分为优劣，优的当然要抬价出售（较市价高）。及至有了评价管制以后，随之而起的便是评级，一般分为上、中、下三级，但无确切标准，只花行指手画脚，定等分级，甚至还派生出次上、次中等，不一而足，到头来棉农的花总是被压级一等出售。

《我经营花行的回忆》

❖ 华北：新式洋马车引围观

　　1935年春，在西安市，初次出现了新式洋马车，有三四十辆之多。前边有军乐队锣鼓喧天的引导，浩浩荡荡地游行于街市，提倡新式交通工具来开发西北。满街的群众扶老携幼，追逐围观，非常之热闹。这段故事的经过，原是陕西人张丹屏经同侪的怂恿，聚资万余元到北京采购了西洋轿式马车40辆，又买来大洋马20多匹，装载了一列火车运来西安，以此而创办了"又新马车行"，倡导改良交通工具事业。惜乎当时有车无路，在那个时候西安街巷尚未扩修，马路交通极感不便，遂使业务清淡，徒消耗了资金。这次新式马车也未发展起来。但是在西安市历史上来说，总算是个创举。今天姑且作为当年建设西京都的一段史话插曲。

《西安人民市场沿革》

❖ 楼和声：烟毒走私之见闻

我初到陕西时，西北种烟面积广，产量多，每元可买烟七八两。后来，农民遭受了严重灾害后，又备受官僚、地主、豪劣、乡保长的层层压迫与剥削，觉悟逐年提高，因而种烟面积一年少一年，烟价就一天高似一天，每元仅能买烟一二两。烟价便宜时，走私的人是个人活动，他们夹带的是烟土，影响社会治安还不大。烟价高昂时，走私的人便成群结队组成一帮，他们不是个人而是集体，夹带的不是笨重的烟土而是制成的吗啡与白面；各车站码头都有他们的同伙，案情未破，传递接收，瞬息即逝；案情将破，即一拥而上纵令主犯逃逸；不幸而破案，则一人吃官司，众人为其设法。这对于社会治安影响甚巨。我在任时，走私案都是属于前者。下列的案件都在我卸事之后。分述于后：

殃及牛羊：贩毒的人把毒品用油纸封固，硬把它塞入牛的第一胃，使牛无法反刍，也无法消化，出境后杀牛取毒。1937年初夏，我任西安警局秘书时，据旧同事朱某面告：西郊有二牛卧地不起，被军人截获，杀牛后于其胃中取出吗啡一包，伙犯及余牛在逃。他们又有一法：把绵羊尾巴的油脂取出，装入毒品缝好，到目的地之后取毒卖羊。1937年春夏间，我据蓝田分卡稽查郝某面告，蓝关附近发现此案，经地方团队追获二羊，于羊尾内取出毒品充公。

利用妇女：私贩们把妇女的小脚用毒品装成天足，并因生理上的不同以毒品分藏各隐微处夹带出境。西安事变前，西安车站发生类似案件，经调查尚无伙犯，并验明夹带的是私土，数量也不多。我从轻发落，补税完事。其时尚未设有女稽查也。

伪装婴儿夹带毒品：妇女手抱锦绣服的伪装婴儿，满腹纳入毒品，往

▷ 鸦片烟膏

▷ 吸食鸦片的市民

来于汽车站、火车站送货，偶一不慎，婴儿坠地不哭，其声壳壳然不类生人，因而破案。同伙登时一拥而上，装作旁观者故纵女犯逃逸。其事发生在凤翔汽车站，时间约在抗战初起。后我途经宝鸡赴川，遇旧同事竹树诚，据说宝鸡火车站也有同类案件发生。

柩中去尸运毒出境：私贩们掘坟抛尸，即以毒品入柩，男女哭泣送葬，运抵葬地后，自有伙犯接收。这类案件曾在华阴、韩城等处发现。

《西北禁烟见闻实录》

❖ 穆仰贤：追回被盗的昭陵四骏

昭陵六骏石刻，原来存放在礼泉县九嵕山，即唐太宗李世民昭陵前边。它造型生动，风姿各异，雄健有力。其雕塑技艺可说已臻上乘。其中飒露紫、拳毛䯄两骏石刻，于1914年被盗，现存美国费城。什伐赤、青骓、特勒骠、白蹄乌等四骏石刻今存陕西省博物馆内。为什么都是几块拼在一起呢？

根据1937年，耿志英（蓝田县玉山乡人，当年担任陕西督军陈树藩的马弁头领）由西安回家，来到蓝田玉山乡中心学校聊天时，谈到洋人偷盗昭陵四骏石刻的事。他说洋人把那么好的珍贵文物，竟然打破成块，装进木箱，拉到草滩，搬到船上。将要起运时，陈督军命我带领几个马弁，急忙赶到现场，夺回四骏石刻。不料截回的木箱中，还有一箱装的彩色八仙泥人，说是咱们蓝田县水陆庵的雕塑。

四骏石刻与八仙泥人追回后，安放在西安南院门亮宝楼内，以后陈列到陕西省博物馆内。

《被盗的昭陵四骏是谁追回的？》

❖ 利青：通惠钱局轶事

1916年（民国五年）陕西省商会会长郭蕴生，为了缓解政府当局时常借款困境，与两位副会长及有关委员商定，向督军陈树藩建议官商筹办钱局，各投资一万银元。陈同意后，成立了通惠钱局。

该钱局发行了制钱纸币（当时通行麻钱货币）。由商会贷给可靠的商号，用作周转资金，获利较多。经1917、1918两年，商股纯益即达两万余元。商会以此款修缮了大湘子庙街会址（即现今西安市工商联地址）。

1921年（民国十年）冯玉祥继任陕西督军，着令通惠钱局结束，把结余之款七万多元，全归商会放贷生息，作为政府备用款项。

1926年（民国十五年）镇嵩军围城，商会会长张定九卧病在床，经商界公议邀请郭蕴生老会长主持会务。围城达八月之久，商会把钱局全部存放余款，移交军务督办李虎丞，作为守军用费，无怪有人说："商会是督军的外府。"

《通惠钱局轶事》

❖ 胡文轩：放官账的奇闻

人们也许说道，清朝的候补官儿是最可怜的。但其中捐班子还算好，因为他们既有力捐，家里当然富有，或是建过军功的就更有家底了。唯独以进士分发各省的最惨。他们多是贫寒之士，隔省候补一路盘缠已不易筹措，到省城后，又不一定马上得缺，但请客、上衙门是免不了的。既然要像个官样子，就得缝衣服、雇佣人。幸而等到挂牌了，得到一官半职，但难题又来了，新官上任，必须有车、有马、有轿和全副执事。如果所放的州县在东西大道上，那办差的用品就更多了。所谓办差，就是支应过往大官。照例州县都有一所公馆，就像今天的招待所，但其中所有的食宿用具，上自盆盘碗筷，下至铺垫、靠枕、地毯、马桶以及文房四宝等，都须新官置办。前任官儿在交卸后照例带走，地方上也没有这项开支。那么置办这些东西的费用由哪里来呢？就只能借官债。

常言道：有个买啥的就有个卖啥的，就有人应运而生专放官债。这些人都是有财力而熟悉官场情形，在社会上有头面手脚灵活的人。当然这个赚的利息格外大，只要官儿上任一到"喜征"（收公粮），就可本利清还。其次放账人还借此可以充当那个州县的"省讯"（即住省通讯处），专门代官儿打听省城各要员和老太太的生日、少爷小姐的满月，以及婚丧喜庆，随时报告，并可代办礼物。每月也有几两银子的酬劳。另外，对官儿还可以介绍师爷、厨子、老妈子和赶车的、抬轿的等等。这些人对于介绍人也不能毫无贡献。比如，从前西安双仁府有个谢宝山就专干这一行，他一身充当了二十几个县的"省讯"。一般谋事的人，常常聚集在他家里央求介绍。但放官账也有风险，如果这个官上任未久，还没等到"喜征"的时候，就丁了忧（死了父母），或丢了官甚至死亡，那就连本都烂了。

除过这一类放官账的人外，还有老爷借佣人钱的事情。不管佣人钱由何来，他一则可以贪厚利，最主要的是有个优厚条件，必须在衙门充当"稿案门"（即收发）。我们不能小看这个差事，这在以前的州县衙门算是最能舞弊的肥缺，人们把这叫作肠肚子的门家，并且还是一个铁饭碗，如果老爷要开除他，非但情面上说不过去，人家伸手要账该怎么办？另外还有大爷（即门上家一类的人）、三爷（奴下之奴）的办账放给老爷的。

一般比较稳健的生意人家，是不愿放官账的。但也有例外，比如西安当时竹笆市的同盛成浆园和广济街口三顺合京货铺，就专放官账，也介绍师爷。

如此官场，也可算作现形的一例。

《几个小掌故》

❖ 马宏智：戏班里的"刑罚"

演出中，如果某演员出了事故，或者丢了"黑板"，全体演员都得受罚，不是打屁股，就是挨板子，过去称这种规矩叫作"打通堂"。如果从积极方面着眼，这是一种教育演员树立集体观念，维护演出完整性的措施之一。

假若是在社会上有一定影响的演员在前台出了较大的事故，领班便要"请香堂"。

请香堂，就是敬起梨园子弟的祖师神——庄王，在烛火通明、香烟缭绕中，让犯错误者跪在神前认识错误，检讨反悔。否则一顿饱打，意味着，违犯戏法，神灵不容。施刑罚打，任其从事，全体演员，肃立当场，只能受教，无人能解。按规定：只有老旦角能去讲情，丑角方可挡架。

庄王者何许人也？一说是"梨园之首"的唐玄宗李隆基；一说是自题艺名为"李天下"的后唐庄宗李存勖；或说为颛顼之子老童，未知孰是。

《文化娱乐习俗》

❖ 孙克敏：金圆券的灭亡

1948年8月19日，蒋管区人民在经济上蒙受了一次突然袭击，反动当局在这天宣布了币制改革，这一事件说明了蒋介石是在其彻底完蛋的前夜，以金圆券为凶器，对人民进行最后一次的大量吸血。在这以前，蒋区流通的货币，称为"法币"，于1935年开始发行。十三年中由于执行了代表大资产阶级利益的经济政策，法币不断贬值达到惊人的程度，每两黄金价格从

1935年的一百元，上涨到1948年8月的六亿元，这就标志着十三年中，物价上涨了六百万倍。蒋介石既然以发行货币为其财政之基石，这时就不得不另发新币，以为其摇摇欲坠的反动政权输血打气。这天清晨，西安和所有蒋区一样，在街头出现了关于货币改革的新闻号外，主要措施是：旧法币与金圆券的兑换率为300∶1，即金圆券一元价值法币三百元，法币持有者，必须在三日内向中央银行兑换新币金圆券，三日后，法币不能再在市面流通使用；公布主要商品的金圆券牌价，从此冻结，不准变更（即所谓八一九限价），严厉取缔黑市，违者法办；为了保证限价，要检查登记全部工商业户的库存物资，予以封存，不许出售转移。

进入1948年末，蒋区的物价，已成为脱缰之马，由一日数变到瞬息万变。到了1949年春节，用金圆券就买不到饭吃，因为可能一顿饭还未吃完，面粉涨了价，店主就要赔本，拿着金圆券也坐不上人力车，因为可能你还未到目的地，物价就会涨了，原来议好的车费，本可以买两个馍，这时也许只能买一个馍。这时市面零星交易，全用废弃多年的铜圆或硬辅币为媒介，有人开玩笑说"这是老百姓自己的币制改革"。

工资、房租、水费用面粉计算，公务员每月面粉三袋（每袋四十斤）；房租每月每间一袋；饮水每袋面换七十桶。这样公教人员首先活不下去，政府机关上班稀稀拉拉，大家只得另谋生路，只有技术性较高的工作，如修表、照相、金融单位是以黄金计酬的。

银元在市面公开流通，花样繁多，有清朝的龙洋、墨西哥站人、民国三年老袁头、九年袁头、孙中山头，它们的价钱稍有差异。公开的银元市场到处皆是，银元价格每天涨，3月份从九千元涨到一万二千元；4月份涨到九万元。有一点钱就马上拿去买银元，谁也不把金圆券放在衣袋里。这时，用金圆券糊墙比买纸来糊更合算，金圆券完全变成一种毫无价值的计算符号了。

1949年5月，西安快解放前夕，市面上最后出现了五千万元票面的大钞，并为人民所拒用，反动当局为了维持市面，只好半个眼睁，半个眼闭，就这样金圆券先于反动政府而垮台。

《解放前夕的西安金圆券》

❖ 郭敬仪：煤油掺假的真相

记得旧社会商界有这两句谚语："车户店脚牙，无罪也该杀。"意思是在旧社会，商人运货，全靠车户、船只、脚户运输，有人揽头承运。煤油在火车未通之前，全靠他们承运，合同订得很严，但长途运输，难免不在油中捣鬼。我在东关开办商业实践室，经销美孚煤油，德太光给我批油二百桶，要在渭南田家庄自运，我就和东关外张家庄的脚户张生科接洽，他们有牛车十多辆，要去渭南送水烟，允许回脚给我拉油，我就自带火炉、烙铁、焊铁，亲自跟车去渭南田家庄。见到负责人王盈，将车装好，在回归的途中，晚上歇在斜口镇，时为初冬，我认为都是乡党，把油检查了一遍，就睡了。半夜起来小解，发现他们在偷油，他们把油盖用木炭火起开，倒出多少油，添进多少水，再把盖焊好，一点也看不出偷油的痕迹。当时被我拉住，他们只说好话，保证对我负责，发现有水，按价赔偿。

我小时上学时，打油有水，人家说："油是从井中抽出来的，哪能没水。"那时我不明白，受过骗，后给德太光分销煤油，有时油内也有水，还认为是自然的事。自从在渭南拉了一次油，才知车户有偷油灌水事，我才用脚试踢，油水不粘，两头有声，水在桶底，声音不同，时间长了，发现声音不同，就知道桶内有水。一次我在大湘子庙街，一家亚细亚代理商，买了二十桶油，回来发现有的油内有水，和人家交涉，该家派人检查，脚踢试的全有水，人家照数换了。旧社会小商小贩，在油内掺水，公司决不做此事，但车户店家在歇店时捣鬼，确是有的事，不特在煤油中捣鬼，什么东西都有捣鬼的办法呢。

《解放前西安的煤油业》

❖ 绳景信：东关箱金始末

　　西安市东关长乐坊八仙庵以东，北至廓城城根地方，昔为一片乱葬坟地。1941年夏初，一商家死一晋籍相公（学徒），雇两名贫苦人在乱葬坟地挖坑埋葬。挖约一米深时，怕野狗刨尸，又继向深挖掘。不料挖出一个有九寸长、五寸宽、六寸高的黑色铁箱。箱子周围写有"东、西、南、北"四个字，上面写有"第七箱"三个字。箱盖与底座锈牢，无法揭开。乃用镢头将铁箱打破，看见箱里装着麦麸状的黄色金属（事后人称麸金），皆不识为何物。当时有一卖豆芽者挑担经过，趋前观看，先用手抓出一大把，抛撒坑外地上，随又抓一大把装入衣服口袋，弃担逃跑，这时，两个挖坑的人，始知是黄金，因私分不均，发生争吵。附近群众闻声前来，争在地上捡拾。当时长乐坊设有警察派驻所，闻讯后立即由所长率人前来查处。因箱破坏，命二人抬至派驻所。经逐级上报转手，至陕西省政府时，已非原有一箱麸金之数了！当时的政府就用这箱麸金修建了中正堂，后改为群众堂，解放后不久改建为今天的人民大厦。

　　陕西省政府曾为追回失散麸金归公，密令西安市各金店遇有持麸金求售者，一律收没缴公，但仅一纸空文。

《东关箱金始末》

第九辑

古都印象·
说不尽的长安城

❖ 郑振铎：长安城的"古"与"今"

新的长安城，毫无疑问地，将比汉、唐盛世的长安城，更加扩大，更加繁华。点缀在这个新的工业大城市里的是处处都可遇到的赫赫有名的名胜古迹和古墓葬、古文化遗址。从新石器时代的仰韶文化起，中国历史的整整大半部，是在这个大都城里演出的。它就是历史的本身，就是历史的具体例证。这些，将永远不会埋灭。社会主义社会里的人民都知道将怎样保护自己的光荣的古老的文化和其遗存物。在林林总总的大工厂附近，在大的研究机构和学校的左右，有一处两处甚至许多处的古迹名胜或古墓葬或古代文化遗址，将相得益彰，而绝对不会显得有什么"不调和"。

他们在休假日，将成群结队地去参观半坡村的仰韶遗址，那是四千多年以前的原始社会人民的居住区域。他们看到那些圆形的、方形的住宅，葬小孩子的瓮棺。他们看到那个时代的艺术家们，怎样在红色陶器的上面，画出活泼泼两条鱼在张开大嘴追逐着，画出几只鹿在飞奔着，画出一个圆圆的大脸，却在双耳之旁加画了两条小鱼，仿佛要钻进人的耳朵里去。他们看到那时候人民所用的钓鱼钩、鱼叉、鱼网坠。他们会想象得到：在那个时候，半坡这地方是多水的，多鱼的——那时候的人从事农业生产，但似以捕鱼为副业。他们看到骨制的鱼钩，已经发明了"倒钩"，会惊诧于那时的人民的智慧的高超。

他们将远足旅行到汉武帝的茂陵去。在那里，会看见围绕着那个大土台，有多少赫赫的名臣、名将的墓。霍去病、卫青、霍光都埋葬在那里，还有李夫人的墓也紧挨着。在那里，还可以捡拾得到汉砖、汉瓦的残片。霍去病墓的石刻，正确地明白地代表了汉武帝那个伟大时代的伟大的艺术创作。现存着十一个石刻，除了两个鱼的雕刻——似是建筑的附属物——

还在墓顶上外，其他九个石刻都已经盖了游廊，好好地保护起来。谁看了卧牛和卧马，特别是那一匹后腿卧地而前蹄挣扎着将起立的马，能不为其"力"与"威"震慑住呢！"马踏匈奴像"是那样的真实。一个胡人在马腹下挣扎着，手执着弓和箭，圆睁双眼，简直无用武之地，而那匹马却威武而沉着地、坚定勇猛地站着不动。那块"熊抱子"的石头，虽只是线刻，而不曾透雕，但也能把子母熊的感情表达出来。那两千多年前的中国雕刻家们的作品，是和希腊、罗马的雕刻不同的，是别具一种民族风格，是世界上最高超的艺术品之一部分。谁能为这些石刻写几部大书出来呢？有机会站在那里，带着崇高的欣赏之心，默默地端详着它们的人们，是幸福的！他们还将到华清池去，过个十分愉快的休沐日。

▷　1907 年的华岳庙

　　他们还将到唐高宗的乾陵去，欣赏盛唐时代的石刻，一整列的石人、石马，一对鸵鸟、一对飞马，还有拱手而立的许多酋长、藩王的石像（可惜都缺了头），都值得看了又看，看个心满意足。长安城的内外，是有那么多的名胜古迹，足资流连，足以考古，足以证史的地方啊。一时是诉说不尽的。韦曲、杜曲、王曲以及曲江池、樊川等古人游乐之地，今天只要稍加疏浚，也就可以成为十分漂亮的人民公园。我想不久的将来，我们就会看到那个宏伟而美丽的大公园在长安城南出现的。"古"与"今"，古老的文化和社会主义的工业建设，结合得如此的巧妙，如此的吻合无间，正足

▷ 甜水井教堂

▷ 1933 年的西安城

▷ 1939 年的西安火车站

以表现我们中国是一个很古老的国家，同时又是一个很年轻的国家。不仅西安市是如此，全国范围内的许多城市也都是同样地把"古"与"今"结合起来的，而西安市是一个特别突出的、值得特别提起的，一个典型的好例子。

《长安行》

❖ 郑振铎：钟楼远眺

站在长安城的中心——钟楼的最高层上，向北看是大冢累累的高原。刘邦、吕雉的坟，以及他们的子孙的坟都在那里，晓雾初消的时候，构成了一幅像烽火台密布似的沧荒的奇景。向南向东望，是烟囱林立，扑扑突突地尽往天空上吐烟，仿佛蕴蓄着无限的热与力；就在那儿，十分重要的仰韶文化（新石器时代遗址）是相当完整地被保存着。再向东望，隐隐约约地可指出骊山的影子来，秦始皇帝就埋身其下。华清池依旧是最好的温泉之一。七月七夕，唐明皇和杨贵妃站在那里私誓"在天愿为比翼鸟，在地愿为连理枝"的长生殿也就在那里。向南望，双塔屹立，尖细若春笋的

▷ 远眺西安钟楼

是小雁塔，壮崛而稳坐在那里的是大雁塔。终南山在依稀仿佛之间。新建筑的密密层层的一幢幢的高楼大厦，密布在那里。向西望，那就是周文王、武王的奠立帝国的根据地，丰京和镐京遗址所在地。灵台和灵囿的残迹还可寻找呢。读着《诗经》，读着《孟子》，不禁神往于这些古老的地方了。就在这些最古老的地方，新的建筑物和工厂，纷纷地被布置在丰水的两岸。还可望到汉代的昆明池，大的石雕的牛郎、织女像还站在那里，隔着水遥遥相望呢。——当地称为石公、石婆，并各有庙。

《长安行》

❖ 张恨水：曲江与乐游原

曲江这两个字，念过唐诗的人，便会觉得耳熟，据传说，这时秦是宜春院，汉是曲江，隋是芙蓉池，到了唐朝开元年间，大加修理，周围七里，遍栽花木，环筑楼阁，可以任人游玩。虽不及现在的西湖，至少是可以比北平的北海的。唐诗上，随便翻翻可以翻到曲江饮宴的题目。就是唐人小说上，也常常提到这地方，作为背景。我到了西安，就曾问人，曲江这地方还有没有？同时念着那杜甫的诗，三月三日天气新，长安水滨多丽人，和朋友开着玩笑。朋友答复，都说还有遗址可寻。这在我们有点诗酸的人，就十分高兴了。在一天下午，借了朋友的汽车，坐出南门，在那浮尘堆拥的便道上，驰上了一片土坡，那土坡高高低低，略微有点山形，在土坡矮处，有几棵瘦小的树，映带着上十户人家，在人家黄土墙外，有座木牌坊，上面写了四个字，古曲江池。呵，这里就是了。当时和两个朋友，下了汽车，朝了人家走去。人家在洼地所在，门口是一片打麦场，东北西是土坡围着，向南有缺口。四周看看一点水的地方也没有。至于那四周的土坡，只是些荒荒的稀草，那时还有什么美景？但是据我的捉摸，这人家所在，便是当日曲江池底，由南去湾湾的洼地，正是引水前来的池口。因为由洼地到土坡上面相差有四五十尺，轻易是填不起来的。大概多少还留着原来一点形迹。我和朋友都不免叹了两声桑田沧海，在这黄黄的斜阳影里，说不出来是一种什么情趣。这地方就是乐游原，在汉朝的时候，春秋佳日，都人士女，都到这里来游玩。李太白的词上说，乐游原上清秋节，咸阳古道音尘绝。音尘绝，西风浅照，汉家陵阙。这似乎在太白当年，这地方已不胜有荆棘铜驼今昔之感的了。

《西京胜迹》

❖ 孙伏园：卧龙寺里看藏经

我也到卧龙寺去看了藏经。说到陕西，人们就会联想到圣人偷经的故事。如果不是半年前有圣人去偷经，我这回也未必去看经吧。卧龙寺房屋甚为完整，是清慈禧太后西巡时重修的，距今不过二十四年。我到卧龙寺的时候，方丈定慧和尚没有在寺，我便在寺内闲逛。忽闻西屋有孩童诵书之声，知有学塾，乃进去拜访老夫子。分宾主坐下以后，问知老夫子是安徽人！因为先世宦游西安所以随侍在此，前年也曾往北京候差，住在安徽会馆，但终不得志而返。谈吐非常文雅，而衣服则褴褛已极：大褂是赤膊穿的，颜色如用酱油煮过一般，好几颗纽扣都没有搭上；虽然拖着破鞋，但是没有袜子的；嘴上两撇清秀的胡子，圆圆的脸，但不是健康色——这时候内室的鸦片气味一阵阵地从门帷缝里喷将出来，越加使我了解他的脸色何以黄瘦的原因，他只有一个儿子在身边，已经没有了其他眷属。我问他："自己教育也许比上学堂更好吧？"他连连地回答说："也不过以子代仆，以子代仆！"桌上摊着些字片画片，据他说是方丈托他补描完整的，他大概是方丈的食客一流，他不但在寺里多年，熟悉寺内一切传授系统，即与定慧方丈也是非常知己，所以他肯引导我到各处参观。藏经共有五柜，当初制柜是全带抽屉的，制就以后始知安放不下，遂把抽屉统统去掉，但去掉以后又只能放满三柜，所以两柜

▷ 卧龙寺大殿

至今空着。柜门外描有金彩龙纹，四个大金字是"钦赐龙藏"。花纹虽然清晰，但这五个柜确是经过祸难来的：最近是道光年间，寺曾荒废，破屋被三数个戏班作寓，藏经虽非全被损毁，但零落散失了不少；咸同间，某年循旧例于六月六日晒经，而不料是日下午忽有狂雨，寺内全体和尚一齐下手，还被雨打得个半干不湿，那时老夫子还年轻，也帮同搬着的。但经有南北藏之分，南藏纸质甚好，虽经雨打，晾了几天也就好；北藏却从此容易受潮，到如今北藏比南藏还差逊一等。虽说宋代藏经，其实只是宋版明印，不过南藏年代较早，是洪武时在南京印的，北藏较晚，是永乐时在北京印的。老夫子并将南藏残本，郑重的交我阅着，知纸质果然坚实，而字迹也甚秀丽。怪不得圣人见之，忽然起了邪念。

《长安道上》

❖ **张恨水：** 西安的旅馆

旧有西北饭店、大华饭店、西京饭店、关中旅馆，共一二十家。西北饭店，是首屈一指的旅馆，现在共有六七十间屋子，有楼房，有窑洞，有平房，并且有大餐厅。房间里带有铺盖。大华饭店，是次于西北饭店的，也有铺盖。旅客不带行李，以二处为宜。房金不带伙食，起码每日五角，多到二元五角，住久了，大概可以打个八折。带有铺盖，住关中等旅馆，那就便宜得多。五六角一日的屋子，就很可以住。旅馆都在东大街，很容易找。若是打算住久，可以到西北饭店后身太平巷青年会去。别处的青年会，都不许带家眷，西安的青年会独不然。所以在此地做事的东方人士，带着太太，多半住在青年会。房价分南北院，大概多则每月十一二元，少则七八元。伙食也可以包办，分十二元九元两种。新近中国旅行社，已在北大街买了地皮，建筑招待所，那设备的完全，是可以预测的。不过我希望能够平民化一点最好，因为到西北去的旅客，苦人儿居多呀。

《西游小记》

❖ 孙伏园：西安口音

陕西语言本与直鲁等省同一统系，但初听亦有几点甚奇者。途中听王捷三先生说"汽费"二字，已觉诧异，后来凡见陕西人几乎无不如此，才知道事情不妙。盖西安人说 S，有一大部分代以 F 者，宜乎汽水变为"汽费"，读书变为"读甫"，暑期学校变作"夫期学校"，省长公署变作"省长公府"了。一天同鲁迅先生去逛古董铺，见有一个石雕的动物，辨不出是什么东西，问店主，则曰"夫"。这时候我心中乱想：犬旁一个夫字罢，犬旁一个甫字罢，豸旁一个富字罢，豸旁一个付字罢，但都不像。三五秒之间，思想一转变，说他所谓 Fu 者也许是 Su 罢，于是我的思想又要往豸旁一个苏字等处乱钻了，不提防鲁迅先生忽然说出，"呀，我知道了，是鼠"。但也有近于 s 之音而代以 F 者，如"船"读为"帆"，"顺水行船"，读为"奋费行帆"，觉得更妙了。S 与 F 的捣乱以外，还有稍微与外间不同的，是 D 音都变为 ds，T 音变为 ts。所以"谈天"近乎"谈千"，"一定"近乎"一禁"，姓"田"的人自称近乎姓"钱"，初听都是很特别的。但据调查，只有长安如此，外州县就不然。刘静波先生且说："我们渭南人，有学长安口音者，与学长安其他时髦恶习一样的被人看不起。"

《长安道上》

❖ 王桐龄：长安之古物

历代宫殿、苑囿、陵墓、寺观，大半破坏，或尚存一部分，如慈恩寺之大雁塔，荐福寺之小雁塔等；或仅存其基址，如弘福寺、青龙寺遗址；或基址全无，此类甚多，即文王之丰，武王之镐，成王以后之宗周，汉之未央宫、长乐宫，亦在此列。所谓古迹，大半有名无实。古器具若石碑、石人、石马等，半为官吏或人民所盗卖，半为外国人或外省人——以古董商为多——收买或偷窃以去。明清以来不甚著名之石碑，多为本城石头铺收买，改大为小，作为新碑出售。

长安保存古碑之处名碑林，在南门内东城根，归图书馆照料。其中收容之古碑有百余种，大碑约240块，小碑2000余块，两共约3000块——魏碑仅有数块，唐碑甚多，有名者为石刻《十三经》。碑帖商每日派人捶击，自朝至暮无已时，自元旦至除夕无休日，受伤甚剧。

教育图书馆在南苑门，其中保存铜像、石像、陶器像不少，有佛，有菩萨，有韦驮，有天尊，有平常装束者，高者五六尺以上，小者尺余。大约皆系后魏隋唐时代遗物，由外国人或外省人，从外县收买或偷窃以去，途经长安，由本地官绅截留者。唐太宗昭陵前八骏中之六骏（其二骏先已失落），在陈前督任内，由其老太爷以10万元偷卖与日人，其中二骏已运出潼关，四骏为陈督派人截留，陈列于此以供众览。但全身已被日人击碎，现在系用粘料沾着而成，中多伤痕。

陕西城内以私人资格，收藏古物最多之处有两家，一为阎甘园，陕西

▷ 唐太宗昭陵

▷ 昭陵六骏之特勒骠

蓝田县人，藏有古画古器多种。一为陈士垲，字次元，河南河洛道卢氏县人，前清拔贡，北京法律学堂出身，现充督署秘书长，藏有碑帖5000余种。余常谓二君所存皆国粹，欲劝二君合组一博物馆，公开以供众览，然馆址房屋及陈列器具需款甚巨，亦非短期所能做到也。

《陕西旅行记》

❖ 王桐龄：长安之植物

长安纬度，东与江苏徐海道铜山县相对，虽地在高原上，然气候比较温暖，寒期不甚长，寒气亦不甚烈。植物除去杨、柳、榆、槐、椿、榕、楠、柏等树，为北京所习见者外，楸树、皂角树、柽树、青桐树甚多，修竹高逾寻丈，丛生成林，石榴树高过檐顶，实累累以百数，皆北京所未习见者。唯松树甚少，长安城内仅有南门里孔庙内一株（据第一女子初级中学校校长李约之先生口头报告）；草花甚少，热带植物尤少，则以人工培植之力尚未周到也。

《陕西旅行记》

❖ 王桐龄：长安之饮食

此次在陕，住西北大学，饭食由暑期学校供给，差足果腹。刘督军邀饮四次，一次在西北大学，用素菜——时因祈雨禁屠；一次在省署，一次在督署，皆用西餐；一次在宜春园——在关岳庙街路南，易俗社之秦腔开演于此——用中餐。西北大学、陕西教育厅邀饮一次，在校内。储才馆邀饮一次，在馆内，皆中餐。讲武堂邀饮一次，在青年会，西餐。商务印书

老西安_ **263**

馆邀饮一次，在馆内，中餐。陈次元先生邀饮一次，在陈宅，中餐。师大毕业同学邀饮一次，在五味什字巷义聚楼，中餐。督署之中餐，商馆之中餐，陈宅之便饭，色香味俱美。督署之西餐亦佳，然中国风较重。此外各处厨役手艺俱平常，讲武堂之西餐系外叫者——青年会不卖饭——花钱甚多，不大实惠。

长安水果，有沙果、苹果、桃、杏等，俱不甚大；橘子、香蕉等南方水果，因交通不便，皆无有也。西瓜亦甜亦大，差胜北京。牛、羊、猪、鸡价俱公道，鸭子及鱼价俱昂贵，长安应酬场中好用鱿鱼，每席必有。

长安冬季气候较北京温暖，不能结天然冰，又因交通不便，外国机械未能输入，亦不能造人造冰，故冷吃之物不容易制造。饮料中最流行者为凤翔所产之烧酒——俗名凤酒，长安所产之葡萄酒及甜酒——米汁，啤酒、汽水皆自东方运来者，价钱异常昂贵，冰激凌则绝对不能制造矣。

《陕西旅行记》

❖ 张恨水：华清池洗澡

到陕西去的人，经过东大道，有两处地方，总是要去看看的，其一是华山，其二便是华清池了。无论经过什么浩劫，华山的五峰，始终是高入太空，而华清池的温泉，也始终保持四十度上下的温度，向上涌着。华清池在临潼县城南，骊山的脚下，西潼公路，正是经华清池公园门口过去。客车是不停的，包车坐的人，多半要停着洗个澡去。此处到西安一大站，将来火车通了，到陕西来的人，可以费很少的钱，搭车到临潼来洗澡，洗了澡再来火车回去，碰巧，也不过半日工夫罢了。现在可以把华清池大概的情形，素描一下：在一片广场的南边，绿树参差的当中，映掩着几处楼阁，向一个铁栅栏的圈子门望进去，好像是一所园林。树木后面很高大的一个圆山峰，便是骊山之麓。只是这个山，不像华山有木有石，这是土山，

▷ 华清池旧影

微微的有些稀草而已。进了这园子门，便是一道曲折的水池，有道石桥跨过池去。池的正面，有三间玻璃窗户的水榭，岸后的杨柳，倒垂着枝条，罩着浓阴过来。水榭西角，有间亭式的粉壁屋子，在回廊转弯的所在，据传说，那就是杨贵妃洗澡所在了。水榭的东角，还有一所楼，可以转着走上山去，在山上，有老君祠，因为我看山不甚好，没有上去。在水榭后面，有一带屋子，便是浴室。这里的浴室，分作两种，一种特别室，要买票才可以洗澡，每人一元。一种是普通室，不要钱，游人可以自由下水洗澡。至于普通和特别之分，就因为这特别室，里面预备着休息室，有炕床清茶，围巾，还有人伺候，和都市上的浴堂差不多。休息室里开着一门，门里就是浴池。这个池大概有三丈见方，三尺多深，池底是水门汀铺的，四围是白瓷砖墙，很是干净。泉由池底南墙流进，源源不断，西北角有个出水的眼，当洗澡的时候，却已塞住。原来这里的规矩，一池水至多洗五个人，五个人之后，必定要换过一池，那眼就是换水所用。水的温度，比人的体温，要高一两度，在这水里洗到十分钟左右，必定要出水来休息一会，不然，热气熏蒸，人受不了。和我同阵下池洗澡的，共是三人，洗不多时，都是汗涔涔地站了起来。后人集句，说当日杨妃洗澡是"侍儿扶起娇无力，一支梨花春带雨"。那真是一点不会错的。再就到普通室，是紧接着这池里流出去的水，温度和清洁，都差一点，不花钱之不大好，就在这一点。这池现归陕西省政府派有专员管理，男女分池沐浴，普通特别，都是一样，所收的费用，除修理华清池而外，并在这里设有乡村学校和果园，所在这里洗澡的人，多少是帮助着一点建设费了。只是有一层，军政界，在特别室里，免费洗澡的，似乎还不少。

《西游小记》

❖ 孙伏园：参观易俗社

美术学校以外，最引我注目的艺术团体是易俗社。旧戏毕竟是高古的，平常人极不易懂，凡是高古的东西，懂得的大抵只有两种人，就是野人和学者。野人能在实际生活上得到受用，学者能用科学眼光来从事解释，于平常人是无与的。以宗教为例，平常人大抵相信一神教，唯有野人能相信荒古的动物崇拜等等，也唯有学者能解释荒古的动物崇拜等等。以日常生活为例，唯有野人能应用以石取火，也唯有学者能了解以石取火，平常人大抵擦着磷寸一用就算了。野人因为没有创造的能力，也没有创造的兴趣，所以恋恋于祖父相传的一切；学者因为富于研究的兴趣，也富于研究的能力，所以也恋恋于祖父相传的一切。

我一方不愿为学者，一方也不甘为野人，所以对于旧戏是到底隔膜的。隔膜的原因也很简单：第一，歌词大抵是古文，用古文歌唱教人领悟，恐怕比现代欧洲人听拉丁文还要困难；第二，满场的空气，被刺耳的锣鼓，震动得非常混乱，即使提高了嗓子，歌唱着现代活用的言语，也是不能懂得的；第三，旧戏大抵只取全部情节的一段，或前或后，或在中部，不能一定。而且一出戏演完以后，第二出即刻接上，其中毫无间断。有一个外国人看完中国戏以后，人家问他看的是什么戏，他说"刚杀罢头的地方，就有人来喝酒了，这不知道是什么戏"。他以为提出这样一个特点，人家一定知道什么戏的了，而不知杀头与饮酒也许是两出戏中的情节，不过当中衔接得太紧，令人莫名其妙罢了。我对于旧戏既这样的外行，那么我对于陕西的旧戏理宜不开口了，但我终喜欢说一说易俗社的组织。

▷　易俗社成立初期的演出照

易俗社是民国初元张凤翙做督军时代设立的，到现在已经有十二年的历史。其间办事人时有更动，所以选戏的方针也时有变换，但为改良秦腔，自编剧本，是始终一贯的。现在的社长，是一个绍兴人，久官西安的吕南仲先生。承他引导我们参观，并告诉我们社内组织：学堂即在戏馆间壁，外面是两个门，里边是打通的；招来的学生，大抵是初小程度，间有一字不识的，社中即授以初高小一切普通课程，而同时教练戏剧；待高小毕业以后，入职业特班，则戏剧功课居大半了。寝室、自修室、教室俱备，与普通学堂一样，有花园、有草地，空气很是清洁。学膳宿费是全免的，学生都住在校中。演戏的大抵白天是高小班，晚上是职业班。所演的戏，大抵是本社编的，或由社中请人编的，虽于腔调上或有些许的改变，但由我们外行人看来，依然是一派秦腔的旧戏。戏馆建筑是半新式的，楼座与池子像北京之广德楼，而容量之大过之；舞台则为圆口而旋转式，并且时时应用旋转；亦有布景，唯稍简单；衣服有时亦用时装，唯演时仍加歌唱，如庆华园之演《一念差》，不过唱的是秦腔罢了。有旦角大小刘者，大刘曰刘迪民，小刘曰刘箴俗，最受陕西人赞美。

易俗社去年全体赴汉演戏，汉人对于小刘尤为倾倒，有东梅西刘之目。张辛南先生尝说："你如果要说刘箴俗不好，千万不要对陕西人说，因为陕西人无一不是刘党。"其实刘箴俗演得确实不坏，我与陕西人是同党的。至于以男人而扮女子，我也与夏浮筠、刘静波诸先生一样，始终持反对的态度，但那是根本问题，与刘箴俗无关。刘箴俗三个字，在陕西人的脑筋中，已经与刘镇华三个字差不多大小了，而刘箴俗依然是个好学的学生，我在教室中、成绩榜上，都看见刘箴俗的名字。这一点我佩服刘箴俗，更佩服易俗社办事诸君。易俗社现在已经独立得住，戏园的收入竟能抵过学校的开支而有余，宜乎内部的组织有条不紊了。但易俗社的所以独立得住，原因还在于陕西人爱好戏剧的性习。西安城内，除易俗社而外，尚有较为旧式的秦腔戏园三，皮黄戏园一，票价也并不如何便宜，但总是满座的，楼上单售女座，也竟没有一间空厢，这是很奇特的。也许是陕西连年兵乱，人民不能安枕，自然养成了一种"子有酒食，何不日鼓瑟，且以喜乐，且以永日"的人生观。不然，就是陕西人真正爱好戏剧了。至于女客满座，理由也甚难解。陕西女子的地位，似乎是极低的，而男女之大防又是极严。

《长安道上》

❖ 孙伏园："长安市上酒家眠"

陕西的酒是该记的。我到潼关时，潼人招待我们的席上，见到一种白干似的酒，气味比白干更烈，据说叫作"凤酒"，因为是凤翔府出的。这酒给我的印象甚深，我还清清楚楚地记得，酒壶上刻着"桃林饭馆"字样，因为潼关即古"放牛于桃林之野"的地方，所以饭馆以此命名的。我以为陕西的酒都是这样的猛烈的了，而孰知并不然。凤酒以外，陕西还有其他的酒，都是和平的。仿绍兴酒制的南酒有两种："甜南酒"与"苦南酒"。苦南酒更近于绍兴，但如坛底的浑酒，是水性不好，或手艺不高之故。甜南酒则离南酒甚远，色如"五加皮"，而殊少酒味，此外尚有"稠酒"一种，色白味甜，性更和缓，是长安名产，据云"长安市上酒家眠"就是饮了稠酒所致。但我想稠酒即使饮一斗也是不会教人眠的，李白也许是饮的"凤酒"罢。故乡有以糯米作甜酒酿者，做成以后，中有一洼，满盛甜水，俗曰"蜜劲殷"盖稠酒之类也。

《长安道上》

❖ 尘影：长安，令人悠然神往

▷ 灞桥

说起长安，有人一定会想起杜甫的"长安水边多丽人"的脍炙人口的绝句诗。可惜我来得有些不凑巧，偏偏赶上李白《子夜秋歌》里所吟的"长安一片月，万户捣衣声"的深秋。虽然所谓丽人是无从赏识，但凡读过历史或几篇古文唐诗的人，总会觉得这长安是绝对富有诗意，尽足使骚人墨客发万古之幽情，起千秋之慨叹。本来，自周天子都镐京，秦始皇都咸阳而后，西汉后周隋唐诸代，建都于此者，垂数千年。以这样一个中国文化的策源，单就古迹一项如：秦之阿房，汉之未央，城南慈恩寺内的雁塔，城东汉高入关时屯兵的灞桥，咸阳故城之北的文武成康周公的陵墓。再往远一点说，"骊宫高处入青云，仙乐飘飘处处闻"的骊宫，和"春寒赐浴华清池，温泉水滑洗凝脂"的华清，这些深入人心的盛唐风流天子的艳迹，还留于今之长安东北未远的临潼。虽然仙乐声歇，已及千年，但逢春秋佳日，此邦人士，尚多沐温泉之遗眷。他如骊山东西麓之秦皇陵与坑儒谷，不知赚了几许怀古者伤心之泪！事实虽告诉我们这些更仆难数的古迹，到现在都已成了历史上香艳的名词，而为考古家穷年累月所研究的材料。然"过秦汉之故都，恣观南嵩华之高，北顾黄河之奔流"，苏子由确曾以之"慨然想见古之豪杰"而激发其志气。这不能不说是长安之巨鹿。

换个眼光来看，这个古城，正当于关中，山环水绕，四塞险固。诚有王勃诗所称"城阙辅三秦，风烟望五津"之势。而重读贾谊《过秦论》，知道"秦孝公据殽函之固，拥雍州之地"，曾起"囊括四海之意，并吞八荒之心"，而其后始皇又确曾根据关中的优越地势，"履至尊而制六合，执敲扑以鞭笞天下"。您瞧，这是多么够开发味儿的西北，又多么令人悠然神往的地方啊！

《闲话长安》

❖ 郑振铎：说不尽的长安城

说起长安，谁不联想到秦皇、汉武来，谁不联想起汉唐盛世来，谁不联想到司马相如和司马迁就在这里写出他们的不朽的大作品来，谁不联想到李白、杜甫、王维、韩愈、白居易、杜牧来，他们的许多伟大的诗篇就在这里吟成的。站在少陵原上的杜公祠远眺樊川，一水如带，绕着以浓绿浅绿的麦苗和红馥馥的正大放着的杏花，组成绝大的一幅锦绣的高高低低的大原野，那里就是韦曲、杜曲的所在，也就是一个大学的新址的所在。

杜甫的家宅还有痕迹可找到么？每一寸土，每一个清池的遗迹，都可以有它们诗般美丽的故事给人传诵。相隔不太远的地方，就是蓝田县，就是辋川，也就是有名的诗人兼画家的王维所留恋久住的地方，就是有名的《辋川图》，和裴迪联吟的"诗中有画，画中有诗"的地方。从少陵原再过去，就是兴教寺的所在了。那是三藏法师玄奘的埋骨之地，一座高塔建筑在他的墓地上，旁有二塔，较小，那是他的大弟子圆测和窥基的墓塔。关于窥基曾流传过很美丽而凄恻的一段故事。这个地方的风景很好，远望终南山白云封绕，唐代的诗人们曾经产生出许多诗的想象来。

《长安行》

图书在版编目（CIP）数据

老西安 /《老城记》编辑组编 . — 北京：中国文
史出版社，2018.4

ISBN 978-7-5205-0163-7

Ⅰ.①老… Ⅱ.①老… Ⅲ.①城市史—西安 Ⅳ.
①K294.11

中国版本图书馆 CIP 数据核字（2018）第 051954 号

责任编辑：张春霞　高　贝

出版发行：中国文史出版社

社　　址：北京市西城区太平桥大街23号　邮编：100811

电　　话：010-66173572　66168268　66192736（发行部）

传　　真：010-66192703

印　　装：北京地大彩印有限公司

经　　销：全国新华书店

开　　本：710mm×1010mm　1/16

印　　张：17.75　字数：260千字

版　　次：2018年5月第1版

印　　次：2018年5月第1次印刷

定　　价：52.80元